Ulrich Giesekus

HALT MICH FEST UND LASS MICH LOS – KINDER ZWISCHEN 12 UND 16

WIE SIE IHREN TEENAGER BEGLEITEN KÖNNEN

SCM Hänssler

SCM

Stiftung Christliche Medien

Dieser Titel erschien zuvor mit drei Auflagen unter der ISBN 978-3-417-20656-2 bei SCM R.Brockhaus.

Umschlaggestaltung: OHA Werbeagentur GmbH, Grabs, Schweiz;
www.oha-werbeagentur.ch
Titelbild: shutterstock.com
Satz: Yellow Tree – Agentur für Design und Kommunikation; www.yellowtree.de
Illustrationen: istockphoto.com
Druck und Bindung: CPI – Ebner & Spiegel, Ulm
Gedruckt in Deutschland
ISBN 978-3-7751-5340-9
Bestell-Nr. 395.340

INHALT

EINLEITUNG

ELTERN SIND AUCH NUR MENSCHEN

Wenn Sie dieses Buch in die Hand nehmen, sind Sie wahrscheinlich Elternteil eines Teenagers und Sie interessieren sich dafür, wie Sie bessere Eltern werden können. Oder Sie bereiten sich innerlich auf die Pubertät Ihrer Sprösslinge vor. Vielleicht sind Sie ja sogar selber ein Teenager, haben dieses Buch bei Ihren Eltern gefunden und entwickeln nun großes Interesse daran, wie Sie sich vor den neuen Erziehungsversuchen, die sich daraus ergeben, schützen können ...

Ich nehme einmal an, Sie gehören zu der Gruppe von Eltern, die diese berüchtigte Phase bei ihren Kindern erwartet oder mitten drin steckt. Und: Sie möchten »es richtig machen«. Egal, was alles sonst noch so Ihren Lebenserfolg definiert – ob aus den Kindern »etwas geworden ist«, wird einen wesentlichen Anteil daran haben. Und genau das steht jetzt möglicherweise infrage. Sie machen sich Sorgen, Sie erleben hilflose Momente, Sie fühlen sich überfordert – und das alles bei einem der Menschen, die Ihnen am meisten bedeuten: Ihrem Kind. Eltern möchten es gerne »richtig machen« und »gute Eltern sein«. Bei der Frage nach dem, was das eigene Leben sinnvoll macht, stehen selbstverständlich die Kinder, sofern man welche hat, in der Regel ganz oben auf der Liste.

Zielnote: »Befriedigend«

Wie gut möchten Sie denn sein? Stellen Sie sich vor, es wäre zehn Jahre später. Ihr Kind ist erwachsen. Was soll es über seine Eltern erzählen? »Meine Mutter war eine wunderbare Frau. Und mein Vater – großartig! Bessere Eltern kann man sich gar nicht denken ...« Oder reicht

Ihnen ein »Befriedigend«? »Meine Eltern waren im Großen und Ganzen okay. Manchmal zu streng, oft hatten sie keine Zeit und waren mit anderem beschäftigt, aber inzwischen kommen wir ganz gut miteinander klar.« Ich gehe davon aus, dass niemand mit einer mangelhaften Note zufrieden wäre, aber viele auch nicht mit einer mittelmäßigen. Ein »Gut« muss es schon sein, für die meisten wohl eher ein »Sehr gut«.

Eltern stellen an sich oft den Anspruch, einfach super zu sein. Jeden Fehler, den sie machen, halten sie sich selbst akribisch vor, klagen sich an und strafen sich in Gedanken (als ob es nicht bereits genügend andere Menschen gäbe, die das tun). Wenn ich die berühmten drei Wünsche, die es leider nur im Märchen gibt, frei hätte, wäre der erste schnell gefunden: dass aus den Kindern, die uns Eltern anvertraut sind, lebens- und liebesfähige Erwachsene werden, dass sie von uns das mitbekommen, was sie brauchen, um ihr Leben zu meistern. Kann es denn sein, dass man das eigene Leben als »gelungen« betrachtet, wenn die eigenen Kinder es nicht sind?

Eltern stellen an sich oft den Anspruch, einfach super zu sein.

Selbstverständlich gibt es auch die andere Seite: Eltern, die ihrem Erziehungsauftrag zu wenig gerecht werden. Es sind oft Eltern, die selber noch halbe Kinder sind oder die mit den eigenen Problemen in einer solchen Art und Weise beschäftigt sind, dass sie sich um ihre Kinder nicht angemessen kümmern können, sei es, dass sie Drogen- oder Alkoholprobleme haben, an psychischen Störungen leiden oder dass die Beziehung in der eigenen Partnerschaft überaus schwierig ist. Kinder dieser »versagenden« Eltern haben es deutlich schwerer, ihren Weg im Leben zu finden. Sie werden häufiger selbst psychisch krank, sie erleben oft als Erwachsene selbst Beziehungsschwierigkeiten, und sie sind auch selber häufiger alkoholkrank bzw. suchtgefährdet. Darin sind wir uns also einig: Gute Erziehung heißt nicht, die Kinder bereits im frühen Alter möglichst häufig vor dem Fernseher zu parken, sie mit Kartoffelchips und süßer Limonade zu ernähren, auf das Erzählen von Geschichten und aufs Vorlesen von Bilderbüchern zu verzichten und insgesamt möglichst wenig mit ihnen zu tun zu haben. Eltern, die so handeln, lesen aber keine Bücher über Erziehung. Also gehören Sie mit größter Wahrscheinlichkeit nicht zu ihnen.

Schauen wir uns also die andere Seite an: die Eltern, denen es ungeheuer wichtig ist, dass ihre Kinder die besten Möglichkeiten haben. Im Kindergartenalter schaffen sie ökologisch gesundes Holzspielzeug an und beginnen bereits in der ersten Grundschulklasse, auf Schulnoten zu achten. Die Regale quellen über von pädagogisch wertvollem Material, der Fernsehkonsum wird gezielt gesteuert, und die Bettlektüre der Eltern besteht aus Erziehungsratgebern. Sie wissen ganz genau, wie viel Taschengeld ein Kind braucht, alle Regeln sind klar und werden eingehalten, und Schokolade ist vor dem Essen streng verboten.

Wenn Sie also zu den Eltern gehören, die stets das Allerbeste bieten, dann sind Ihre Kinder wahrscheinlich nicht besonders gut an die Umwelt, in der sie ihr weiteres Leben verbringen werden, angepasst. Denn solche wunderbaren Menschen wie Sie werden Ihre Kinder weder in der eigenen Ehe noch am Arbeitsplatz noch in Ihrem Freundeskreis noch in Ihrer Gemeinde wohl jemals wieder kennenlernen.

So natürlich und verständlich es also ist, dass Eltern »sehr gut« sein wollen, so wenig hilfreich wäre es für ihre Kinder, wenn es ihnen tatsächlich gelänge. Nun sind die meisten von uns nicht in der Gefahr, wirklich perfekt zu sein; viele sind aber durchaus bereit, sich in einem viel zu großen Maße aufzuopfern und im scheinbaren Interesse des Kindes Dinge aufzugeben, die für die eigene Lebensqualität wesentlich sind.

So natürlich und verständlich es also ist, dass Eltern »sehr gut« sein wollen, so wenig hilfreich wäre es für ihre Kinder wenn es ihnen tatsächlich gelänge.

Ein Problem dabei ist, dass die Kinder sehr wohl spüren, dass das, was ihre Eltern ihnen bieten, mit einem hohen Preis verbunden ist. Sie sind den Eltern »ewigen Dank« schuldig – und die notwendige Ablösung vom Elternhaus ist ungeheuer schwierig. Wie soll es einem Kind mit »wunderbaren« Eltern z. B. gelingen, die für das Loslassen notwendige Entwicklung zu erleben, dass die Eltern einem einfach nur peinlich sind oder dass man sie schlicht blöd findet? Und so bestätigen auch Untersuchungen zur seelischen Entwicklung von Kindern, dass die »sehr guten« Eltern durchaus nicht die besten langfristigen Ergebnisse erzielen.

Fehler sind erlaubt

Eltern dürfen und sollen also Fehler machen. Das hat natürlich auch etwas Tröstliches. Kinder zwischen 12 und 16 sind ein sehr deutlicher Spiegel für die Fehler und Schwächen der Eltern, und manchmal geradezu gnadenlos. In der oft ablehnenden Art, in der sie ihre Eltern kritisch sehen, sind Teenager manchmal auch ein

Zerrspiegel, der in besonders scharfem Kontrast zu der idealisierenden Sichtweise der früheren Kindheit steht. Für die Eltern ist es sehr viel leichter, den Blick in diesen Spiegel auszuhalten, wenn sie sich nicht selber idealisieren müssen. Vielleicht machen sie dann die Erfahrung, die der Apostel Paulus – sicherlich in einem anderen Zusammenhang – machte: »Wo ich schwach bin, kann Gottes Kraft in mir Wohnung nehmen« (vgl. 2. Korinther 12,9). Aus dem Evangelium zu leben, hat hier auch seine ganz konkrete Anwendung: Der Wert und Sinn meines Lebens ergibt sich nicht aus meiner Leistung. Weder die »frommen« noch die menschlichen Anstrengungen entscheiden, ob mein Leben sich gelohnt hat, sondern das Ja Gottes zu mir ist das letzte Wort über mein Leben.

Im Umgang mit pubertären Teenies gibt es Krach. Unvermeidbar. Beginnen Sie bei Auseinandersetzungen immer mit der Frage: Erlebe ich das Ablösungsverhalten als einen persönlichen Angriff auf meinen Wert als Mensch? Fühle ich mich in meiner Ehre gekränkt? Schäme ich mich vielleicht sogar, weil in der Kritik der Kinder so viel Wahres steckt? Kämpfe ich gegen diese Wahrheit, weil sie nicht wahr sein darf? Und dann schreiben Sie sich auf ein Schild: »Auch Eltern sind Menschen« – und stellen es am besten auf den Nachttisch, damit Sie es morgens als Erstes und abends als Letztes sehen, und für zwischendurch hängen Sie ein weiteres an den Kühlschrank, ins Auto und an die Pinnwand …

I. ELTERN HABEN'S AUCH NICHT LEICHT – DIE EIGENE SEELE PFLEGEN

Die erste Lektion – ein Ja zu den eigenen Fehlern und Schwächen zu finden – ist ein Projekt fürs Leben. Schön wäre, wenn wir damit irgendwann fertig würden, aber rechnen Sie nicht damit. Wenn man sich die ganze Sache ein bisschen genauer ansieht, wird deutlich, dass es nicht das Einzige ist, worin Eltern sich entwickeln. Das ganze Leben ist ein Lern- und Entwicklungsprozess. Seelische Reifung ist mit 18 nicht abgeschlossen, auch nicht mit 40 oder 60. Wer lebt, muss sich entwickeln – wer stehen bleibt, wird Störungen entwickeln. Betrachten Sie also die Pubertät Ihrer Kinder einmal durch die Brille der seelischen Entwicklung der Eltern. Sicherlich ein ungewöhnlicher Blickwinkel.

1. WENN ELTERN IN EINEM SCHWIERIGEN ALTER SIND

Eltern von Teenagern sind in der Regel so um die 40 bis 50 Jahre alt. Die berühmte »Midlife-Crisis« schlägt zu – und das heißt, dass wir auf der einen Seite wie in einem Hauptbahnhof zur Rushhour leben, dabei aber bewusst oder unbewusst auch deutlich wahrnehmen, dass in unserem Leben viele Züge bereits abgefahren sind.

Einerseits stehen wir mitten im Leben, werden voll gefordert und müssen in der Familie, im Beruf und in der Gemeinde viel Leistung bringen. Ohne uns läuft nichts, unser Einkommen finanziert die Familie und einen großen Teil der christlichen und gesellschaftlichen Aktivitäten. Wir sind die Macher in Beruf, Familie, Gemeinde und Politik.

Auf der anderen Seite erleben wir – psychologisch gesehen – recht handfeste Verluste. Wir sind nicht mehr »in«. Wir verlieren unsere Jugend – und das ist in unserer Gesellschaft mit das Kostbarste, was es gibt. Wir sind nicht mehr so stark, so schön und so gut ausgebildet wie die zehn Jahre Jüngeren um uns her. Die Haare werden dünner, der Bauch dicker. Wir begraben manche Träume und stellen uns der Realität: Vieles, was wir uns erhofft haben, wird in unserem Leben nicht mehr in Erfüllung gehen.

Wir kämpfen natürlich, damit der Sommer unseres Lebens noch lange hält, auch wenn wir wissen, dass der Herbst unweigerlich kommen wird. Wir kleiden uns vielleicht wie 18-Jährige, machen Trendsportarten, halten uns fit, übernehmen Sprachgewohnheiten der Jüngeren, und auch wenn wir insgeheim wissen, dass unsere Kinder sich im Internet besser auskennen als wir es jemals werden, chatten wir oder surfen auf der Suche nach interessanten Homepages. Mütter konkurrieren mit ihren Töchtern um die bessere Figur, Väter gehen mit dem Kickboard in die Stadt zum Einkaufen. Die Sehnsucht nach der verlorenen Jugend bringt manche Männer dazu, sich mit jüngeren Frauen zu »beweisen«, dass sie auch noch attraktiv sind (wobei die traurige Wahrheit ist, dass es der soziale Status, die Macht und der Geldbeutel sind, die so anziehend wirken). Und doch steht im Hintergrund immer die Ahnung, dass das alles irgendwann lächerlich wird und dass wir selber im Begriff sind, die Alten zu werden, über die wir uns früher amüsiert haben. Vor »senil« kommt »juvenil«. Deprimierend, oder?

Eltern sind so was von peinlich

Es kommt noch schlimmer. Denn unsere Kinder sind in einer Entwicklung begriffen, die sie dazu bringt, sich immer mehr von uns abzugrenzen. Sie brauchen es wie das tägliche Brot, nicht so zu sein wie ihre Eltern. Wenn der Papa sich einen Ohrring stechen lässt, brauchen sie die Sicherheitsnadel durch die Augenbraue. Wenn die Mama Britney Spears cool findet, bleibt nur noch Techno für das Töchterlein. Teenager brauchen es, dass sie die Eltern peinlich finden können. »Gell, Papa, du bleibst beim Schulfest bitte mindestens auf zehn Meter Abstand von mir, okay?«

Unsere Kinder brauchen es wie das tägliche Brot, nicht so zu sein wie ihre Eltern.

Und das sind dieselben Kinder, die uns noch vor ein paar Monaten – na ja, vielleicht sind es ein paar Jahre, aber wie schnell ist die Zeit vergangen! – mit großen Augen bewundernd angesehen haben. (»Mama! Papa!«)

Wir konnten alles, wir wussten, wie die Welt funktioniert, wir waren ihre Vorbilder, wir konnten sie trösten, als der Hamster starb. Wenn wir mit ihnen geschimpft haben, bekamen sie ernsthafte Gewissensbisse, und sie hätten es uns geglaubt, wenn wir ihnen erzählt hätten, der Mond sei aus Käse.

Es gibt in vielen Familien einen unterschwelligen Krieg: Die Eltern wollen ihren Kindern beweisen, dass sie sie und ihre Welt verstehen und beurteilen können – weil sie noch nicht wahrhaben wollen, dass das nicht mehr stimmt. Die Kinder wollen ihren Eltern um jeden Preis genau das Gegenteil beweisen: dass sie eigenständig sind, anders denken und fühlen, anders glauben, eigene Werte und Überzeugungen entwickeln – alles in allem: dass sie eine neue Generation sind. Und so entwickeln Teenager einen eigenen Stil, indem sie zuerst mal den der Eltern ablehnen.

Nebenbei helfen Teenager ihren Eltern so auch, ihre eigenen seelischen Reifungsprozesse zu durchleben. Sie kämpfen für Loslösung und sorgen damit – ohne es zu wissen – dafür, dass die Eltern sich nicht nur von ihren Kindern verabschieden, sondern auch von ihrer eigenen Jugend. Abschied tut weh – aber ist heilsam. Was würde denn passieren, wenn wir uns diese Enttäuschung ersparen, also weiter in der Täuschung leben würden, das Leben ginge unendlich und jugendlich weiter? Wenn wir z.B. älter würden und nie über den Verlust der Jugend getrauert hätten? Wir würden stecken bleiben und in einer Art selbstverliebter Ich-Bezogenheit die Realität unseres Lebens ignorieren. Wir würden zuerst den Kontakt zu unseren Kindern verlieren, dann die tiefen Beziehungen zu unseren Mitmenschen. Wir wären ständig mit einer Realität konfrontiert, die nicht mit unserer Vorstellung von Wirklichkeit übereinstimmt und die wir ablehnen müssten. Wir wären am Ende bitter oder komisch.

Im Psalm 39 bittet der Psalmist Gott, ihn zu lehren, dass das Leben ein Ziel hat. Offensichtlich muss das gelernt werden. Warum? Weil wir sonst nicht in Würde alt werden können. Aber ganz sicher nicht zuletzt, weil Gott selbst dadurch als Herr meiner und aller Zeit ganz neu in den Mittelpunkt des Lebens rücken kann. Und wenn Gott unsere Kinder so geschaffen hat, dass sie uns ganz natürlicherweise dabei helfen, ist das kein Unfall, sondern Absicht (was den Abschiedsschmerz aber nicht geringer macht).

In Gesprächen mit Eltern von Teenagern kommen die gleichen Themen immer wieder: Sorge und Angst, Gefühle von Ohnmacht und Hilflosigkeit, Ärger und Irritation ebenso wie Schuld- und Versagensgefühle. Diese Erlebnisse beziehen sich alle direkt auf die Beziehung mit den Kindern, manchmal auch auf den Ehepartner, dessen bzw. deren Hilfestellung man/frau sich anders vorstellt. Sie sind echt, wichtig und oft erdrückend. Doch ebenfalls greifbar im Raum – aber fast nie offen angesprochen – sind die Gefühle, die sich auf die eigene Person beziehen. Die Ablösung von den Kindern ist in erster Linie aber ein schmerzhafter Prozess, und das Grundgefühl vieler Betroffener ist die Trauer.

2. KINDHEIT ADE – ABSCHIED TUT WEH

Eltern, die die Trauer über den Verlust ihrer Kinder (die verlieren sie in jedem Fall) und den ihrer eigenen Jugend (das erleben sie in den meisten Fällen) nicht annehmen, haben verschiedene Möglichkeiten, diese Gefühle auszuleben, ohne sie wirklich ernst zu nehmen. Nur werden sie dann nicht gut bewältigt. Natürlich erleben alle Eltern die Loslösung ihrer Kinder unterschiedlich – die einen mit mehr Trauer, die anderen mit weniger. Für manche Eltern ist dieses Kapitel vielleicht zu »düster«; aber nicht selten merken Eltern oft erst viel später, dass sie diese Trauer nicht gut bewältigt haben.

Jugendherberge »Zum Elternglück«

Eine Möglichkeit der Nichtbewältigung besteht darin, einfach so zu tun, als ob die Kinder Kinder blieben. Sie werden weiter versorgt, liebevoll betreut, ermahnt, geführt, vereinnahmt, bevormundet und »geliebt«. In dem Maß, in dem unsere Kultur die Jugendlichkeit zum Ideal erhebt, ist auch unser Selbstwertgefühl mit dem Jungbleiben verknüpft. Wahrscheinlich steigt z.B. deshalb auch das Alter, in dem junge Leute das Elternhaus verlassen. »Hotel Mama« ist einfach sehr bequem, wenn die Eltern bereit sind, sich in fast allem auf die Jugendkultur einzustellen. Und so ganz nebenbei können sie nicht nur die Illusion ewiger Jugend aufrechterhalten, sondern auch noch die Bindung mit ihren Kindern genießen. Unsere Gesellschaft suggeriert, dass alles, was wehtut, schlecht ist. Gegen Kopfweh hilft

Eine Möglichkeit der Nichtbewältigung besteht darin, einfach so zu tun, als ob die Kinder Kinder blieben.

eine Tablette, gegen Beziehungsstress wirkt der schnelle Partnerwechsel. Und umgekehrt: Gegen Loslösungsschmerz hilft, die Trennung einfach zu vermeiden. Das geht auf Kosten der Bindungsfähigkeit. Denn dass »ein Mann Vater und Mutter verlassen muss, um seiner Frau anzuhangen« (gilt umgekehrt auch für Frauen), steht seit den ersten Tagen der Menschheit fest und ist im biblischen Schöpfungsbericht nachzulesen (1. Mose 2,24). In anderen Worten: Die Bindung an die Eltern verhindert eine wirkliche Bindung an den Ehepartner, und so zeigen sich ungelöste Loslösungskonflikte später in der Praxis der Eheberatung von ihrer hässlichen Seite.

Entweder du gehst oder ich

Eine andere Möglichkeit, den Abschiedsschmerz zu vermeiden, besteht darin, es zu einem Bruch kommen zu lassen. Anstelle der Loslösung tritt hier die Trennung. Die Ursache dafür scheint mir häufig darin zu liegen, dass der verdrängte Schmerz sich in Machtkämpfen, Ärger und Wutgefühlen Ausdruck verschafft. Schließlich gibt es nur noch die Wahl: Unterordnung oder gar keine Beziehung. Während ein gelungener Loslösungsprozess zu einer Beziehung zwischen Eltern und Kindern führt, bei denen beide Seiten erwachsen sein dürfen und müssen, führt ein Bruch in der Beziehung auch zu einer inneren Spaltung: Äußerlich betrachtet scheint man sehr frei und unabhängig geworden zu sein, aber im Inneren bleibt die Sehnsucht nach einer Liebesbeziehung, mit dem Ergebnis, dass ein wichtiges Stück inneren Erlebens nicht geäußert werden kann.

Nicht selten führt diese Sehnsucht zu Ersatzbeziehungen, in denen die gleiche Abhängigkeit besteht wie in einer nicht genügend gelösten Elternbeziehung. Anstelle des Vaters tritt der Chef, der geistliche Leiter oder eine andere Person. Das Ergebnis bleibt dasselbe: Die eigene Partnerschaft wird ständig durch eine Konkurrenz beeinträchtigt, die jetzt nicht mehr Schwiegereltern oder Eltern heißt, sondern Arbeit oder Gemeinde.

Trauerarbeit will geleistet werden

Ohne Trauer gibt es keinen wirklichen Abschied. Was kann man also tun, um sich der Aufgabe zu stellen? Es klingt vielleicht banal oder flapsig, aber die Erfahrungen der Seelsorge zeigen: Um Trauer zu bewältigen, muss man trauern.

Ohne Trauer gibt es keinen wirklichen Abschied.

Das bedeutet vielleicht zuerst einmal, in Beziehungen Trost zu suchen. Haben Sie schon einmal jemandem gesagt: »Ich möchte dich um etwas Zeit für mich bitten – ich brauche jemanden, dem ich klagen darf«? Oder einfach ausgesprochen: »Verstehst du mich – es tut wirklich weh zu sehen, wie schnell unsere Kinder erwachsen werden. Einerseits ist es ja auch schön, aber manchmal könnte ich heulen ...«

Dabei machen Sie zwei sehr wichtige Erfahrungen: Erstens tut es gut, Dinge auszusprechen. Zweitens erleben Sie, dass es auch andere Beziehungen gibt, die das Leben reich machen können, andere Erwachsene, die Sie verstehen, mit denen Sie sich austauschen können, bei denen Sie sich Ihrer persönlichsten und tiefsten Gefühle nicht schämen.

Gläubig und traurig passt zusammen

Christen haben manchmal Probleme mit der Bewältigung von Trauer, weil sie irgendwann gelernt haben, dass nur der fröhliche Christ ein guter Christ sei. Diese Art von Keepsmiling-Spiritualität wird zwar schnell zur Keepsmiling-Heuchelei, aber es gelingt vielen irgendwie, sich auch selbst davon zu überzeugen, dass man »dankbar« und »getrost« ist. Eine Zeit lang kann man sich so in die eigene Tasche lügen, aber früher oder später rächt sich die unbewältigte Trauer – z.B. in Form von Depressionen, Ängsten, Suchtgefährdung oder körperlichen (psychosomatischen) Krankheiten. Es ist ein Missverständnis, wenn der Glaube als ein emotionaler Gemütszustand des Wohlbefindens gedeutet wird. Wer Jesus nachfolgt, kann auch etwas von dem erleben, was er erlebt hat, und dazu gehören auch tiefe Trauer, Jammer und »Bedrängtsein«. Der biblische Begriff des Glaubens bedeutet ein »sich Bergen«, ein »Festmachen« bei Gott. Glaube äußert sich unter anderem im Gebet, in dem der Glaubende sich vor Gott unverstellt und offen zeigt.

Eine der wichtigen Formen des Gebetes, die die Bibel uns lehrt, ist die Klage. Schade, dass Christen keine »Klagemauer« haben, in deren Ritzen sie ihre Nöte, Sorgen und Anliegen bei Gott ganz berührbar bergen können. Unser Glaube und unser Gebet sind in der Tiefe oft nicht spürbar, weil sie nur im Kopf zu Hause sind. Da Worte aber in der Tiefe des Leidens wenig bewirken, klingen sie oft irgendwie hohl. Das gilt auch für das Gebet. Ich schlage Ihnen daher vor, dass Sie, wenn Sie besorgt und be-

Eine wichtige Form des Gebetes ist die Klage.

drückt sind, versuchen, andere Formen des Gebetes zu finden. Vielleicht lesen Sie einen Klagepsalm wiederholt laut, oder Sie schaffen sich Ihre eigene »Klagemauer« und schreiben Ihre Sorgen auf einen Zettel, den Sie an einem bestimmten Ort verschwinden lassen.

Fremd bis der Tod uns scheidet?

Viele Paare erleben, dass der Stress mit Teenies sie auch in der Partnerschaft eher auseinanderbringt. Gemeinsame Zeiten sind oft vom Thema Erziehung bestimmt. Und selbst wenn es in den Eltern-Rollen noch zu einer ganz guten Zusammenarbeit kommt, ist die Mann-Frau-Ebene oft minimal erlebbar. In anderen Worten: Die Beziehung zwischen den Eltern ist eine reine Papa-Mama-Beziehung, und von dem, was die beiden ursprünglich zusammengebracht hat, ist nur noch wenig zu spüren. Gemeinsame Interessen und genussvolle Aktivitäten – Kino, ein Abend beim Italiener, Oper oder Konzert – finden keinen Raum mehr. Dass man Zeiten erlebt hat, die von Leidenschaft und Liebe geprägt waren, ist oft nur noch eine ferne Erinnerung.

Das macht die ganze Sache ungleich schwerer. Mit wem bin ich denn zusammen, wenn die Kinder in ein paar Jahren weggehen? Es ist schwer, sich vorzustellen, dass man wieder zu der Zweisamkeit finden kann, die die Beziehung geprägt hat, bevor der Nachwuchs kam.

Interessant, aber nicht überraschend: In Untersuchungen konnte immer wieder gezeigt werden, dass Schwierigkeiten in der Erziehung eng verbunden sind mit der Qualität der Liebesbeziehung zwischen den Eltern. Für Alleinerziehende gilt Ähnliches: Je vereinsamter ein Elternteil ist, desto häufiger und schwerer sind Störungen bei den Kindern. Was also bei Paaren für die Pflege der Ehe gilt, wäre bei Alleinerziehenden auf die Freundschaften mit anderen Erwachsenen zu übertragen. Virginia Satir, eine der bedeutendsten Pioniere der Familientherapie, bezeichnete die Ehe der Eltern als den »Architekt des ganzen Familiensystems«.

Vielleicht ist das Beste, was Sie für Ihre heranwachsenden Kinder tun können, dass Sie Ihre Ehe und Ihre Freundschaften pflegen. Wie entstehen Nähe und Vertrautheit? Was kann man tun, um sie neu zu entwickeln?

3. GUTE EHE MACHT GUTE ELTERN

Erlauben Sie mir, dass ich für dieses Kapitel mal von der traditionellen Familie ausgehe: Ein Mann und eine Frau heiraten und bekommen dann Kinder. Das ist zwar nicht die Lebensrealität für die Mehrzahl der heute in Deutschland lebenden Schulkinder, denn über die Hälfte lebt in Stieffamilien, Fortsetzungsfamilien, mit alleinerziehenden Eltern, mit Eltern, die nicht verheiratet sind, oder mit wenigstens einem Elternteil, welches ein Kind aus einer anderen Beziehung mitbringt. Und diese Familien, in denen die Ehe der Eltern gar nicht oder nicht für alle Kinder besteht, sind oft gesund – und andere, traditionelle Familien sind es natürlich nicht immer. Aber was für die traditionelle Familie gilt, kann größtenteils auf ähnliche Familiensysteme übertragen werden, wobei keine Frage ist, dass diese Familien komplizierter sind und damit mehr Absprachen, Klärungen und überhaupt mehr Beziehungsarbeit erfordern. Dabei sind ihre Ressourcen (von finanziellen bis zu psychologischen Aspekten) in vielen Fällen kleiner, sodass das Leben in diesen Familien einfach mehr Arbeit und Anstrengung bedeutet.

Also zurück zur traditionellen Familie. Die Eltern von Teenagern sind also in etwa zwischen 15 und 25 Jahren verheiratet. In dieser Zeit haben sich viele Muster eingespielt, und ein sehr häufiges ist, dass sich die Mutter um die Kinder gekümmert hat und der Vater um die Karriere. (Was unter anderem dazu führt, dass die Mutter mit 53 in »Pension« geschickt wird, während ihr Partner noch mindestens zehn Jahre arbeiten muss. Viele haben hier große Schwierigkeiten, ihr Leben mit Sinn und Inhalt zu füllen – aber das kommt erst in zehn Jahren ...) Jetzt sind Sie erst mal noch vollbeschäftigte Teenagereltern. Die Rollen sind klar verteilt – jeder in der Familie weiß, wer dafür zuständig ist, den Müll herauszubringen, die Koffer bzw. das Auto für den Urlaub zu packen, wie viel Geld man ausgeben darf, ohne Ärger mit dem Partner zu bekommen, und wer daran denken muss, die Geburtstagskarte für Tante Lina rechtzeitig zu schreiben. Dienstags bringt Mama Christine zum Schwimmen und der Papa holt sie auf dem Weg von der Arbeit wieder ab. Und so weiter. Das ist praktisch und regelt viele Dinge im Alltag, ohne dass alles immer neu diskutiert werden muss.

Leider schleicht sich diese Routine aber auch in die Bereiche ein, in denen sie für tödliche Langeweile sorgen kann. Keine Radtour, ohne dass die Route vorher geplant wird. Sex läuft immer nach dem gleichen Muster ab (oder sogar überhaupt nicht mehr). Der Urlaub ist ein halber Umzug: Die Kaffeemaschine muss mit und das Extra-Rückenkissen für Papa; daher fallen spontane Kurzurlaube von vornherein ins Wasser. Das spannendste Ehe-Ereignis ist die gemeinsame Lösung des Kreuzworträtsels in der Samstagszeitung.

Sich gegenseitig neu entdecken

Und im Gespräch zwischen den Partnern? Die Möglichkeiten für wirklich neue Erfahrungen halten sich in Grenzen. Man hat sich aneinander gewöhnt. Doch: Was geht im anderen vor? Was beschäftigt ihn/sie innerlich? Wie denkt er/sie über politische oder gesellschaftliche Entwicklungen? Wie hat sich sein/ihr Glaube, die Gottesbeziehung in den

Was wissen Sie über das Leben des anderen, was nichts mit den Kindern zu tun hat?

vergangenen zehn Jahren verändert? Was wissen Sie über sein/ihr Leben, was nichts mit den Kindern zu tun hat?

In vielen Beziehungen schaukelt sich die Leere auf eine verhängnisvolle Weise auf. Dabei heißen die beiden wichtigsten Standbeine für Nähe, Freundschaft und Intimität: gemeinsames Erleben und Austausch über Persönliches, Inneres. Da die Kinder sowohl für genügend Aufregung sorgen als auch für reichlich Gesprächsstoff, ist es noch relativ leicht, die Elternbeziehung stark zu halten. Aber auch die Partnerbeziehung braucht Verbindung. Und es scheint, dass das, was uns Liebe und Nähe vermittelt, recht unterschiedlich verteilt ist: Im maskulinen Modus für Nähe spielt gemeinsames Erleben eine sehr viel stärkere Rolle, während im femininen Modus der Austausch über Inneres wichtiger ist (wobei sowohl Männer als auch Frauen in der Regel Anteile von beidem haben).

Liebe ist für jeden anders

Das heißt für die meisten Paare, dass die Frau sich unter anderen Bedingungen geliebt fühlt als der Mann. Und weil beide geliebt werden wollen, erwarten sie von dem anderen, dass er/sie auf die Art und Weise liebt, wie Liebe jeweils selbst erlebt wird. Er: »Komm, schau doch mit mir das Fußballspiel im Fernsehen an.« Sie: »Fußball interessiert mich nicht.« Er: »Aber ich hab's gerne, wenn wir zusammen sind.« Sie: »Aber da reden wir doch gar nicht.« Er: »Trotzdem ...« Also holt sie sich das Bügelbrett ins Wohnzimmer und schaut beim Bügeln gelangweilt Fernsehen. Um dabei ein bisschen Beziehung zu erleben, stellt sie zwischendrin ein paar Fragen zum Spiel: »Sag mal, der in der schwarzen Hose, der spielt ja gar nicht mit, oder?« Was ihn natürlich nervt. Beim 1:0 ruft er dagegen laut »Toooor!«, was sie mit einem spöttischen Lächeln quittiert und einem »Pscht, denk doch an die Meiers in der Nachbarwohnung!«. Beide fühlen sich vom anderen abgewiesen. Er wollte, dass sie mit ihm »Toooor!« schreit, und sie wollte, dass er ihr endlich mal erzählt, was ihn an diesem Spiel so fasziniert – und nicht nur zum dritten Mal erklärt, was ein Abseits ist.

Vor 15 Jahren, als noch keine Kinder da waren, hatte das Paar genügend Zeit, sodass die Bedürfnisse von beiden befriedigt wurden. Dann wurde – mit zunehmenden Aufgaben in Beruf und Familie – die Zeit zu zweit immer seltener. Und die knapper werdende Ressource »Zeit zu zweit« will jeder auf seine Weise erleben. Das Ergebnis: Man/frau verweigert sich zunehmend der Art von Zuwendung, die der andere sich wünscht. Sie hat keine Lust auf Bergtouren, er kommt immer später vom Büro nach Hause –, und am Ende einer langen, gegenseitigen Liebesentzugsbestrafungsspirale sitzen sie beide im Gesprächszimmer des Eheberaters (d.h.: meistens sitzt sie dort ohne ihn, weil er inzwischen absolut keine Lust mehr auf tiefsinnige Problemgespräche hat), und er klagt: »Sie schläft nicht mit mir«, und sie sagt: »Er redet nicht mit mir«.

Da ist es dann naheliegend, sich mit viel Einsatz auf das zu stürzen, was die beiden noch verbindet: die Kinder! Doch wenn die dann Teenies sind, machen sie ihren Eltern relativ schnell klar, dass sie dieses Spiel nicht mitmachen wollen. Ein Junge drückte sich so aus: »Wenn meine Eltern das Füllhorn ihrer Liebe über mich ausgießen, kriege ich nichts als blaue Flecken.«

Altes Glück macht Junge glücklich

Wenn Sie sich und Ihren Kindern etwas Gutes tun wollen: Pflegen Sie Ihre Ehe! In einer Entwicklungsphase, in der die Jugendlichen von neuen sexuellen Gefühlen überwältigt sind, ängstlich besorgt um die eigene soziale Attraktivität und verunsichert in sehnlich erwarteten Liebesbeziehungen, gibt es für sie nichts Besseres, als zu erleben, dass ihre Eltern sich wirklich lieb haben, dass eine überdauernde, monogame Beziehung mit einem bisschen Arbeit möglich ist und dass jeder mit seinen Macken liebenswert bleibt. Und für die Eltern gibt es nichts, was das Loslassen der Kinder einfacher macht als die Freude darauf, mit dem Ehepartner endlich wieder Zeit zu zweit zu haben.

Wenn Sie sich und Ihren Kindern etwas Gutes tun wollen: Pflegen Sie Ihre Ehe!

II. TEENAGER WAHRNEHMEN UND VERSTEHEN

Eigentlich ist die Pubertät eine biologische Entwicklung, die mit der Reifungsentwicklung der sekundären Geschlechtsteile beginnt und mit der Geschlechtsreife beendet ist, also bei den meisten im Alter von etwa 12 Jahren. Dann kommt das Jugendalter, auch Adoleszenz, Flegeljahre, Teenagerzeit usw. genannt, welches (genau genommen fälschlicherweise) oft als Pubertät bezeichnet wird. Wie in unterschiedlichen Kulturen und Zeiten mit dieser körperlichen Entwicklung umgegangen wird bzw. wurde, ist durchaus sehr unterschiedlich. Auch unsere Gesellschaft geht mit der körperlichen Entwicklung in der Jugendzeit anders um, als es in der vorhergehenden Generation üblich war. Wenn wir unsere Kinder verstehen wollen, dürfen wir also nicht zu schnell aus unserer eigenen Erfahrung auf die Realität der Kinder schließen.

4. KLAMOTTEN, KÖRPER, KULTUR: ALLES IST IM FLUSS

Die meisten Menschen gehen davon aus, dass biologische Reifungsprozesse beim Menschen von einem unabänderlichen inneren Programm gesteuert werden, so wie beim Engerling, der irgendwann zum Maikäfer wird, oder beim Kirschbaum, der in den ersten warmen Frühlingstagen Knospen treibt.

Viele der Probleme, die Jugendliche heute lösen müssen, haben aber gerade damit zu tun, dass die körperlichen Reifungsprozesse selbst, aber auch ihre Bedeutung in der Gesellschaft sich geändert haben. So hat sich die biologische Entwicklung der Kinder im letzten Jahrhundert rapide beschleunigt.

Vor hundert Jahren lag der durchschnittliche Zeitpunkt der ersten Monatsblutung bei Mädchen (die Menarche, etwa ein Jahr vor der Geschlechtsreife) zwischen 14 und 15. Bei Jungen ist ein solcher Zeitpunkt weniger offensichtlich und daher nicht so dokumentiert, aber auch hier scheint die Geschlechtsreife eher zwischen 15 und 16 Jahren gelegen zu haben. Heute liegt die durchschnittliche Menarche in Deutschland bei etwa 11, in den USA bei 10½ Jahren. Bei den Jungen ist eine ähnliche Entwicklung zu verzeichnen: 12-jährige Jungen, die Kinder zeugen, sind biologisch gesehen nicht mehr ungewöhnlich.

Die Gründe für diese Beschleunigung der Entwicklung sind vielschichtig. Der wichtigste Faktor scheint einfach der zu sein, dass wir aufgrund des medizinischen und hygienischen Fortschritts in der Kindheit weniger häufig krank sind. Jede Krankheit verzögert die biologische Entwicklung. Heute spielen die ständigen Durchfallerkrankungen, die in den vergangenen Jahrhunderten die weitaus häufigste Todesursache darstellten, kaum eine Rolle. Gegen viele Kinderkrankheiten wird geimpft, und wenn man doch einmal krank wird, sind die Behandlungsmöglichkeiten ungleich besser als früher.

Ein weiterer Aspekt ist sicherlich die viel bessere Ernährung, die aber leider nicht nur besser geworden ist, sondern durch den hohen Fleischkonsum auch viel zu viele Proteine enthält und zudem mit natürlichen wie künstlich zugeführten Hormonen angereichert ist.

Doch neben diesen biologischen Faktoren spielen offensichtlich auch psychische Faktoren eine Rolle: Forschungsergebnisse zeigen z.B., dass bei gleicher Ernährung und Gesundheit der Medienkonsum (insbesondere das Fernsehen) zu einer beschleunigten biologischen Entwicklung führen kann. Die Vermutung, dass die Sexualisierung der Umwelt und die Tatsache, dass auch Kinder ständig sexuellen Reizen ausgeliefert sind, zu einer Veränderung im Hormonhaushalt führen, ist naheliegend.

Die frühreifen Spätzünder

Im Gegensatz zur biologischen Entwicklung verzögert sich der Beginn des Erwachsenenalters. Wenn man das Erwachsensein an Dingen wie wirtschaftliche Unabhängigkeit von den Eltern, abgeschlossene Berufsausbildung, emotionale Fähigkeit und Bereitschaft zur Familiengründung oder Gründung eines eigenen Haushaltes festmacht, wird deutlich, dass diese Ereignisse immer später stattfinden. Im 13. Jahrhundert gab es z.B. den »Schwabenspiegel«, ein Gesetzeswerk, das es Jungen mit

Im Gegensatz zur biologischen Entwicklung verzögert sich der Beginn des Erwachsenenalters.

14 und Mädchen mit 12 Jahren erlaubte, ohne die Einwilligung ihres Vaters zu heiraten.

Die meisten mitteleuropäischen Stämme erklärten ihren Nachwuchs mit 12 Jahren für erwachsen. Heute scheint das Erwachsenenalter nur noch dann mit 12 zu beginnen, wenn es ums Geld geht, z.B. an der Kinokasse oder bei den Flugpreisen der Airlines ...

Wenn man das Jugendalter als die Zeit zwischen Geschlechtsreife und Erwachsenenalter definiert, gab es also in diesen Kulturen überhaupt keine Jugend. Man wurde erwachsen, bevor die Geschlechtsreife einsetzte. Für einige Jahrhunderte gab es in unserer westlichen Welt dann aber eine Adoleszenz, die vielleicht drei bis vier Jahre dauerte, von zirka 15 bis 18. Denn mit etwa 18 Jahren hatten Jungen damals ihre Berufsausbildung abgeschlossen (in der Regel beim Vater), und Mädchen waren heiratsfähige Frauen geworden.

Heute haben wir in unserer Gesellschaft eine Adoleszenz, die biologisch mit 11 beginnt und psychologisch vielleicht erst mit 28 aufhört – eine Zeit von über 15 Jahren, die in der Spannung von voll entfalteter Sexualität ohne Ehe oder Familiengründung gelebt wird.

Dass diese Entwicklung ihre Auswirkungen auf sexuelle Normen haben muss, ist nachvollziehbar. Offensichtlich ist es auch nicht möglich, selbst wenn es in mancher Hinsicht wünschenswert wäre, die Kindheit biologisch zu verlängern und das Erwachsenenalter gesellschaftlich bzw. psychologisch früher beginnen zu lassen. Allerdings wäre es wahrscheinlich für viele junge Paare vorteilhaft, wenn wenigstens in der christlichen Gemeinde nicht auch noch scheinbar vernünftige Normen gesetzt würden, die eine frühe Eheschließung erschweren. Die Idee, dass man die Partnerschaft unverbindlich ausprobieren müsse, um möglichst sicherzugehen, dass man auch den richtigen Partner hat, ist sicherlich falsch. Ehe kann man nicht probieren, weil die spezielle Dynamik der Ehebeziehung eben nur durch die institutionalisierte Verbindlichkeit der Beziehung entsteht.

Auch für Teenager wäre die Motivation zur sexuellen Abstinenz sicherlich höher, wenn die sanktionierte Form der sexuellen Beziehung in der Ehe nicht in unerreichbarer Ferne wäre. Aber da wir weder die biologisch-sexuelle Reifung verzögern noch die beruflich-soziale Entwicklung beschleunigen können, werden wechselnde Intimpartnerschaften in der Adoleszenz normal sein.

Und die Moral bei der Geschicht'?

Als Eltern werden Sie nicht gefragt, was der gesellschaftliche Konsens in Sachen Teenager-Sexualität sein soll. Ob es uns passt oder nicht: Die Moralvorstellungen in unserer Kultur schließen die Selbstverständlichkeit sexueller Intimität und gelegentlichen Partnerwechsels in der Jugend als akzeptabel und normal ein. Zeitschriften für 12-Jährige (»Bravo«, »Mädchen« usw.) haben in fast jeder Ausgabe Berichte über »das erste Mal«. Fernsehserien für Teens beschreiben die Praxis der Sexualität so, dass nur »Verklemmte« sich sexuell enthalten. Im Hintergrund mag hier die Vorstellung von Sigmund Freud stehen, dass die Frustration

Als Eltern werden Sie nicht gefragt, was der gesellschaftliche Konsens in Sachen Teenager-Sexualität sein soll.

der Sexualität zu neurotischen Störungen führt (was erwiesenermaßen Blödsinn ist). Auch in anonymen Internetforen und teilweise sogar via »Facebook« werden erotische Erfahrungen mehr oder weniger eindeutig öffentlich gemacht.

So sind Teenager heute einem ungeheuren Druck ausgesetzt, sexuell aktiv zu sein. Die sexuelle Freiheit wird im Alltag zum sexuellen Zwang. Hilde Bruch, weltweit bekannte Expertin für Essstörungen (Magersucht und Bulimie), beschrieb bereits in den 80er-Jahren einen Zusammenhang zwischen den Sexualnormen der Gesellschaft und dem sprunghaften Anstieg dieser oft tödlichen Störungen.[1] Wenn 14- bis 15-Jährige bereits den Konkurrenzkampf um soziale Attraktivität nur noch bestehen können, wenn sie als Sexualpartner zur Verfügung stehen, reagieren viele (zunehmend auch junge Männer) damit, dass sie krank werden. Seither sind die Zahlen essgestörter Jugendlicher stetig gestiegen, die Jungen »holen auf«, und in manchen Altersgruppen sind Essstörungen bei Mädchen die häufigste Todesursache geworden.

Ein weiterer Aspekt unterscheidet das Erleben heutiger Teenager von der Jugend ihrer Eltern: Während vor 30 Jahren die große Mehrheit der Jugendlichen mit beiden Eltern aufwuchs, ist das heute nur noch für eine Minderheit der Fall. Das heißt, alle Jugendlichen erleben heute selbst oder bei ihren Freunden, was es für ein Kind bedeutet, wenn sich die Eltern trennen.

---

1 Bruch, Hilde: Der goldene Käfig – Rätsel der Magersucht, Frankfurt 1982.

Tina (12) erzählt im Jugendkreis, wie sie die Beziehungen der Erwachsenen erlebt: »In meiner Klasse geht's noch, aber in der Para-Klasse, wo die Lissy drin ist, sind nur noch drei Kinder, wo beide Eltern noch miteinander verheiratet sind. Mit denen sind wir in Reli zusammen und haben da drüber geredet. Und bei meiner Freundin Becky ist der Vater jetzt mit 'ner neuen Tussi zusammen, die hasst die total, echt ätzend. Aber übers Wochenende muss sie fast immer da hin. Ich versteh nicht, wieso heiraten die eigentlich, wenn sie dann nach ein paar Jahren sowieso wieder auseinandergehen.«

Auch Sven ist ein ganz normaler 14-Jähriger. Er lebt meistens im Haushalt seiner Mutter und ihrem zweiten Mann mit einer Halbschwester, manchmal ist er aber auch bei seinem Vater, der mit einer Freundin zusammenlebt, die ein Kind aus einer früheren Beziehung hat. Er sagt: »Wenn ich später mal heiraten sollte, dann aber für immer. Eher bring ich mich um, als dass ich meinen Kindern das antue.«

Fazit: Viele Teenager stehen heute in einer enormen Spannung. Auf der einen Seite wird ihnen ständig gezeigt, dass intime Beziehungen auswechselbar sind – und auf der anderen Seite erleben sie eine Realität, bei der genau dieser Wechsel mit unendlich viel Not verknüpft ist. Sie haben oft eine tiefe Sehnsucht nach treuen Beziehungen, erleben aber gleichzeitig »eine Erwachsenenwelt, in der biografisch improvisiert werden muss (und kann) wie nie zuvor« (so Yvonne Fritzsche in der 13. Shell-Jugendstudie 2000). Sie haben vergleichbare Werte und Erwartungen in Bezug auf Familie und Ehe, einschließlich Treue, wie die Generationen vor ihnen, aber kein funktionierendes Modell, an dem abzulesen ist, wie man diese Werte in der Praxis leben kann.

Wenn es um den Umgang mit Sex ging, beschäftigte ihre Eltern als Teenager die brennende Frage: »Was darf wer wann unter welchen Bedingungen?«. Diese Frage ist heute uninteressant. Jeder darf, was er will. Die Frage der Teenager am Anfang eines neuen Jahrhunderts heißt: »Wie schaffen wir es, überdauernde und zuverlässige Beziehungen zu leben?«

Ins Leben führen

Wenn wir als Eltern versuchen, Fragen zu beantworten, die sich gar nicht stellen, und die quälenden Fragen ignorieren, werden wir unseren Kindern nur wenig helfen können. Das heißt: Die Frage: Was ist gut – was ist böse? beantwortet sich nicht durch autoritäres Verbieten oder Erlauben, sondern durch den Zusammenhang: »Gut ist, was zu einem gelingenden Leben verhilft.« Diese Ethik kann oberflächlich dazu führen, dass »gut ist, was Spaß macht« (Hedonismus). Aber wer zwischen kurzfristigem Spaß und langfristig gelingendem Leben unterscheiden kann, wird aus dieser Fragestellung keine hedonistische Ethik entwickeln. Vielleicht führt die neue Generation uns sogar wieder in die Nähe einer Ethik, die am Evangelium/an der Guten Nachricht orientiert ist. Diese Ethik hat meiner Meinung nach nicht zum Ziel, den Menschen durch Verbote und Gebote zu erziehen (»besser zu machen«; Gott als Polizist bzw.

Wenn wir als Eltern versuchen, Fragen zu beantworten, die sich gar nicht stellen, und die quälenden Fragen ignorieren, werden wir unseren Kindern nur wenig helfen können.

Spielverderber), sondern ermutigt den Menschen, sich im Vertrauen auf einen liebenden und wohlwollenden Gott in seine Lebensregeln einzupassen und zu bergen (Gott als Schöpfer und Erhalter lebenswerten Lebens).

Bis vor wenigen Minuten war noch alles ganz lustig. Die Familie machte sich für einen Tagesausflug an den Baggersee fertig, um den Tag bei schönstem Sonnenwetter im Grünen zu genießen. Ein Lunchpaket wurde gepackt, und die Eltern, drei Kinder und der Hund machten sich mitsamt Gepäck zum alten VW-Bus auf. Dabei kommt es öfter mal zu einem Streit über die richtige Reihenfolge, in der die Geschwister einsteigen und die Lieblingsplätze besetzen. Und auch heute wieder hat es die neunjährige Nina geschafft, noch schnell vor ihrem großen Bruder den beliebten Fensterplatz zu ergattern. Das lässt sich der 13-jährige Florian jedoch nicht gefallen. Schnell kommt es zu einem lauten Streit, und auch die beschwichtigenden Worte der Eltern bringen nichts. Innerhalb von wenigen Sekunden hat Florian entschieden: Ich komme auf gar keinen Fall mit euch. Ich bleibe hier. Geht doch alleine an euren blöden Baggersee!

5. LUST, LAST UND LAUNEN: WENN DIE HORMONE VERRÜCKTSPIELEN

Was Florian und seine Familie an diesem schönen Sommertag erleben, spielt sich in den meisten Familien mit Teenagern in schöner Regelmäßigkeit ab: plötzliche Stimmungsschwankungen, extreme Wutanfälle bei kleinsten Auslösern und schlagartige Veränderungen in der gesamten Persönlichkeit, die manchmal an den Film »Dr. Jekyll und Mr. Hyde« erinnern. Friedliche, kooperative und freundliche Jugendliche werden innerhalb von Sekunden unnahbar, gereizt und aggressiv.

Heftige oder gar unkontrollierte emotionale Reaktionen sind dabei höchstwahrscheinlich keine unmittelbare Folge hormoneller Veränderungen, die in der Pubertät geschehen. Sie sind immer dann zu beobachten, wenn Menschen in starkem Stress, in Belastungssituationen stehen. Ob die Adoleszenz an sich eine solche Stress- und Belastungssituation darstellen muss, ist umstritten. Auf jeden Fall ist es in unserer Gesellschaft so, dass der Übergang von der Kindheit zum Erwachsenenalter eine Zeit enormer emotionaler Belastungen darstellt. Die Gründe dafür sind vielfältig. Einer der Gründe liegt auch darin, dass sexuelle Bedürfnisse zum Teil überwältigend stark sein können und andererseits weder eine wirklich stabile Identität in der eigenen Geschlechterrolle gefunden wurde, noch die Frustrationstoleranz, die bei der Stressbewältigung eine erhebliche Rolle spielt, geübt werden konnte.

Mein Körper: Ich liebe dich – ich hasse dich

Die meisten Heranwachsenden sind einerseits von ihrem Körper völlig fasziniert. Sie entdecken die Veränderungen in ihren sekundären Geschlechtsmerkmalen. Sie beobachten mit großem Stolz, wie ihr Körper wächst, wie sie kräftiger werden und welche Wirkung sie auf das andere Geschlecht haben. Auf der anderen Seite brauchen sie nur in den Spiegel zu schauen und einen Pickel auf der Nase zu entdecken – das reicht aus, um eine tiefe Beschämung herbeizuführen. Das Lebensgefühl der meisten Teenager, besonders in der frühen Teenagerzeit, ist ein Gefühl unendlicher Peinlichkeit. Sie möchten gerne erwachsen sein und sind es auch in vieler Hinsicht bereits. Sie kennen sich aber in der sozialen Rolle eines Erwachsenen noch nicht aus und sind auch mit ihrem Körper nicht vertraut. Während sie als Neun- oder Zehnjährige eine gute Körperkontrolle hatten, erleben sie als Zwölf- bis Dreizehnjährige plötzlich, dass sie bei Tisch ständig irgendwelche Dinge umstoßen, dass sie sich häufiger verletzen und in ihren ganzen Bewegungsabläufen gröber und unbeholfener sind.

Das Lebensgefühl der meisten Teenager, besonders in der frühen Teenagerzeit, ist ein Gefühl unendlicher Peinlichkeit.

Ein ganz zentrales Anliegen dieser Altersgruppe ist also, Kontrolle über das zu gewinnen, was man nicht gut kontrollieren kann. Bei Jungen äußert sich das häufig in der verstärkten Bemühung, ihren Körper sportlich zu trainieren, um so Überlegenheit zu demonstrieren. Für Mädchen spielen Make-up und die Figur plötzlich eine unglaublich wichtige Rolle. Sowohl Jungen als auch Mädchen legen in der Teenagerzeit enorm großen Wert darauf, gut auszusehen.

Da die eigenen Ressourcen (also z.B. Selbstsicherheit, Charme usw.) noch nicht sehr entwickelt sind, wird Attraktivität nicht in erster Linie davon abhängig gesehen, wie man mit den anderen umgeht, sondern durch äußere Attribute definiert. Dabei spielt die Kleidung in unserer heutigen Gesellschaft eine zentrale Rolle.

Klamotten, Konsum und Kohle

Die Frage nach der richtigen Kleidung ist vor dem Hintergrund eines völlig verunsicherten Körpergefühls keine Nebensache. Das gilt nicht nur für die Kinder, sondern auch für die Eltern, die bei dem Blick auf das Preisetikett der ersehnten Jacke, der coolen Hose oder der genau richtigen Schuhe akute Stress-Symptome bekommen. Und natürlich gilt es, hier eine Spannung auszuhalten: Einerseits müssen wir als Eltern verstehen, dass das Bedürfnis nach der »richtigen Marke« enorm groß ist. Der Wunsch nach teurer Kleidung ist nämlich nicht in erster Linie Ausdruck einer egoistischen Grundhaltung (»Für mich nur das Beste«), sondern wird vom Teenager als eines seiner wirklich zentralen Lebensbedürfnisse erlebt – und als erheblicher Druck. Die Werbung der Bekleidungsindustrie und das soziale Klima an Schulen und in Jugendgruppen tragen sicherlich ihren Teil dazu bei. Andererseits müssen Jugendliche natürlich auch lernen, Selbstbewusstsein und Selbstsicherheit an anderen Attributen festzumachen als an den Dingen, die ihre Eltern für sie kaufen oder auch nicht kaufen können. Auch das ist eine zentrale Aufgabe der Heranwachsenden: Grenzen akzeptieren zu lernen. Zu diesen Grenzen gehören auch die finanziellen Be-

Die Frage nach der richtigen Kleidung ist vor dem Hintergrund eines völlig verunsicherten Körpergefühls keine Nebensache.

dürfnisse der Eltern und restlichen Familienmitglieder. Das macht es zwar nicht einfacher, aber vielleicht ist es doch tröstlich zu wissen, dass es normal und möglicherweise unvermeidbar ist, dass über solche Fragen wie Marke und Modell von Turnschuhen Tränen fließen und Türen zugeknallt werden.

Teenies und ihr Körper: Vorsicht, Tretminen

Kommen wir auf Florian und seine Familie zurück. Was für die jüngeren Geschwister und die Eltern wie eine fröhliche und harmlose Familienangelegenheit aussieht, enthält für Florian alle Zutaten für eine handfeste Krise. Die kleine Schwester, die sich flink auf den erwünschten Fenstersitz gemogelt hat, ist für ihn der Beweis, dass er mit seinem unbeholfenen und irgendwie zu großen Körper noch nicht richtig umgehen kann. Der Ausflug an den Badesee ist für Florian außerdem ein Minenfeld: Zum einen fühlt er sich in einer Badehose weder vor den Augen seiner Familie noch vor denen fremder Besucher wohl. Gleichzeitig ist die Aussicht auf die Begegnung mit den attraktiven Badenixen, die er dort kennenlernen könnte, sowohl an- als aufregend. Die Familie, der alte VW-Bus und die Tatsache, dass er einen Tag mit seinen Eltern verbringt, sind Florian enorm peinlich. Zum Anderen befürchtet er, dass seine Eltern herausfinden könnten, was sein wirkliches Interesse am Badesee ist, und ihn dann ablehnen, kritisieren oder gar bestrafen könnten.

Bei der Planung eines solchen Ausfluges ist Florian also innerlich stark angespannt. Der für die anderen kleine Auslöser einer Geschwisterrivalität ist für ihn der Funke, der zur Explosion führt.

Wenn Eltern auf diese Spannung nicht strafend oder vorwurfsvoll reagieren, sondern nachvollziehen können, warum der Teenager in dieser Situation unter enormem Stress steht, ist meistens schon die Hälfte gewonnen. Wenn auch nicht immer vermeidbar, ist es in der Regel nicht sinnvoll, sich in diesen Situationen auf einen Machtkampf einzulassen, Zwang auszuüben oder ebenfalls wütend zu reagieren. Für Florians Familie bedeutet das, dass sie am besten zulässt, dass Florian einen Tag alleine zu Hause verbringt (selbst wenn er bei strahlendem Sonnenschein vor dem Fernseher sitzt), während die anderen sich einen schönen Tag am Badesee machen. Wenn die Wogen wieder geglättet sind, ist ein ruhiges Gespräch über das, was vorgefallen ist, sicherlich eher möglich.

Ein Gespräch, in dem die Eltern einerseits zeigen, dass sie die Launenhaftigkeit und innere Anspannung ihres Teenagers verstehen, aber andererseits auch klarmachen, dass sie durch solche Episoden selbst höchst frustriert sind, ist dann auch wirklich notwendig. Häufig erkennen Eltern, dass sie sich in einem Streit selber unkontrolliert verhalten haben, schämen sich aber und wollen deshalb die Sache »totschweigen«. Eltern, die die innere Freiheit haben, nicht perfekt sein zu müssen, und die sich auch erlauben, gestresst zu reagieren, haben es sicher leichter. Sie können Fehler zugeben und dadurch vermeiden, dass der Teenager zum schwarzen Schaf der Familie wird.

Eltern, die die innere Freiheit haben, nicht perfekt sein zu müssen, und die sich auch erlauben, gestresst zu reagieren, haben es sicher leichter. Sie können Fehler zugeben und dadurch vermeiden, dass der Teenager zum schwarzen Schaf der Familie wird.

Es gibt zwar Millionen von Teenagern, die tatsächlich in Fleisch und Blut real existieren, doch scheint die Adoleszenz in vieler Hinsicht eher ein Mythos zu sein als ein Lebensalter. Und dieser Mythos zeigt sich besonders in den Reaktionen und Einstellungen anderer gegenüber Teenagern. Mit der Lebenswirklichkeit vieler Teenager mag das vielleicht nicht viel zu tun haben, doch sind die positiven und negativen Erwartungen der Umwelt oft sehr ausgeprägt und detailliert. Wenn also z. B. die Tante Margarete sagt: »Du hörst sicher auch diese furchtbar laute Rapmusik, wart nur ab – du bekommst noch einen Hörschaden«, drückt sie damit ihrer Nichte gegenüber eine Erwartung aus, gegen die sie sich in der Regel nicht mit den Worten zur Wehr setzen wird: »Eigentlich höre ich lieber die alten Rolling-Stones-Platten von Papa, aber das darf niemand wissen.« Die Auseinandersetzung mit Vorurteilen, Urteilen und Erwartungen zusätzlich zur Notwendigkeit der sozialen Akzeptanz bei Gleichaltrigen macht es nicht leichter herauszufinden, wer man wirklich ist.

6. WER BIN ICH EIGENTLICH? IDENTITÄT UND SELBST-WAHRNEHMUNG

Die Auswirkung sozialer Erwartungen auf die Adoleszenz wurde in vielen Kulturen gründlich untersucht. Eine der interessantesten Untersuchungen stammt von der berühmten Anthropologin Margaret Mead, die dieses Lebensalter in den 20er-Jahren des vergangenen Jahrhunderts in Samoa untersuchte.[2] Während sie dort lebte, fand Mead heraus, dass die innere Spannung, der Stress und die Konflikte, die in westlichen Kulturen normalerweise mit dem Teenageralter verbunden sind, dort nicht existieren. Auf Samoa wachsen junge Menschen angeblich sanft und mit Leichtigkeit in die Erwachsenengesellschaft hinein. Daraus schloss Mead, dass die Adoleszenz nicht notwendigerweise spannungsvoll sein müsse, dass vielmehr die gesellschaftlichen Bedingungen diese Spannungen erzeugen. Allerdings waren die damaligen Forschungsmethoden nach heutigen Standards so schlecht, dass viele Wissenschaftler große Zweifel an Meads Ergebnissen haben.

Wir wissen aus eigener Erfahrung, wie dramatisch sich die Erwartungen, die an Jugendliche gestellt werden, in den letzten zwanzig Jahren geändert haben. Wenn ich heute die Schülerzeitungen, Bücher oder auch Artikel in christlichen Zeitschriften lese, die in den 80er-Jahren geschrieben wurden, kommt mir das alles vor wie von einem fernen Planeten. Natürlich haben sich die Teenager an sich nicht geändert. Aber die Umwelt, in der sie ihre Adoleszenz leben, hat sich geändert.

In einer modernen Gesellschaft bieten sich dem Erwachsenen unzählige Möglichkeiten, verschiedene Rollen anzunehmen. Dadurch wird jeder Mensch gezwun-

2 Mead, M.: Coming of Age in Samoa. A Psychological Study of Primitive Youth for Western Civilisation. 1928; (Nachdruck: Harper Perennial, 2001).

gen, für sich selbst eine stabile Identität zu entwickeln. Ein solches Selbstbild entsteht im Wesentlichen in der Teenagerzeit und beinhaltet solche Fragen wie »Wer bin ich? Was möchte ich mit meinem Leben anfangen? Was ist mir wichtig? Wer ist mir wichtig?«. In der weiteren Entwicklung des eigenen Lebens muss man diese Identitätsfragen natürlich immer wieder neu beantworten, z.B. in der Ehe oder als Eltern oder in neuen beruflichen Situationen. Identität ist also keine starre Konstruktion, sondern muss sich im Laufe des Lebens den sich immer wieder ändernden Bedingungen anpassen.

Wer bin ich?
Was möchte ich mit meinem Leben anfangen?
Was ist mir wichtig?
Wer ist mir wichtig?

Erik Erikson hat die seelische Entwicklung eines Menschen über seine Lebenszeit als Erster gründlich beobachtet. Aus seiner Sicht ist die zentrale Aufgabe der Adoleszenz, dass der Teenager eine eigene Identität entwickelt. Dazu sind laut Erikson zwei unterschiedliche Entwicklungsphasen notwendig. In der ersten Phase muss jede einzelne Person eine Antwort auf die Frage finden: »Wer bin ich?«. Mit der eigenen körperlichen und sexuellen Entwicklung fühlt sich der Teenager noch nicht wohl. Mit der eigenen sozialen Rolle und der eigenen Fähigkeit, sich ein Urteil zu bilden, ist er noch unsicher. Diese offenen Fragen bringen den Teenager dazu, dass er sich ständig mit der Frage befasst, wer er ist und wie er in den Augen anderer wirkt. Die meisten Teenager bewältigen diese Frage so, dass sie sich ihre Helden schaffen, die sie nachahmen können, dass sie irgendwelchen Idolen nacheifern. In dem Maße, in dem sie ihre Idealfiguren imitieren können, halten sie sich selbst für vertrauenswürdig. Ein wesentlicher Aspekt ist die Tatsache, dass der Verlust des elterlichen Ideals zu einer in der Regel großen Enttäuschung und einem Gefühl des Verlustes führt. Mit 8–10 Jahren waren die Eltern noch der Inbegriff alles Guten. Innerhalb von zwei bis drei Jahren muss das Kind nun aushalten, dass es diese wichtigen Personen als peinlich, eigenartig oder komisch erlebt.

Bei der Suche nach Idealen und Idolen erleben Jugendliche auch so etwas wie eine konstante Orientierung, die ihnen hilft, mit den rapiden Veränderungen ihres eigenen Lebens umzugehen.

Heute Punk, morgen Bank

Von daher ist es verständlich, dass in einer Verwirrung von elterlichen Werten und gesellschaftlichen Idealen die hauptsächliche Orientierung an den Werten Gleichaltriger geschieht. Es kann sogar sein, dass sich Teenager so vollständig mit ihren Helden identifizieren, dass sie ihre eigene, sich entwickelnde Identität völlig zu verlieren scheinen. In Wirklichkeit probieren sie aber nur, wie unterschiedliche Ideen und Rollen auf ihre Umwelt wirken, und klären dadurch auch die Vorstellungen, die sie von sich selber haben. Die Tatsache, dass es kaum noch einen gesellschaftlichen Konsens über Werte gibt und dass die Möglichkeiten ihrer Zukunft unüberschaubar sind, verängstigt sie eher. Häufig führt das dazu, dass sich Heranwachsende über eine gewisse Zeit mit sehr stereotypen und manchmal primitiven Werten identifizieren, wodurch sie ein bisschen Zeit gewinnen, ihre eigenen Werte und Ziele zu definieren. Und sie können innerhalb kürzester Zeit von völliger Hingabe an irgendwelche Menschen oder Ideen »umschalten« und gänzlich konträre Ideen entwickeln. So gibt es z.B. nicht wenige Jugendliche, die sich eine kurze Zeit lang mit der Skinhead-Kultur identifizieren, um wenige Monate später das krasse Gegenteil darzustellen und sich als Punk zu zeigen. Durch das Ausprobieren von Extremverhalten bereitet sich der Jugendliche darauf vor, einen stetigeren und ausgewogeneren Kurs zu fahren. Der Prozess der Identitätsbildung erfordert also die Fähigkeit, unterschiedliche und aufeinanderfolgende Identifikationen zu einem zusammenhängenden Ganzen weiterzuentwickeln.

Durch das Ausprobieren von Extremverhalten bereitet sich der Jugendliche darauf vor, einen stetigeren und ausgewogeneren Kurs zu fahren.

Erst wenn der Jugendliche ein relativ klares Bild davon hat, wer er ist, kann die zweite Phase der Identitätsbildung beginnen. Erikson redet von der Entwicklung der Intimität. Damit meint er die Fähigkeit, sich zu binden, sowohl an Personen, die einem nahestehen, als auch an Ideen, Wertvorstellungen oder Gedanken. Intimität schließt also auch die Bereitschaft mit ein, für seine eigenen ethischen Grundsätze oder persönlichen Beziehungen schmerzhafte Opfer zu bringen und Kompromisse einzugehen. Viele Jugendliche zeigen diese Fähigkeit ganz deutlich bereits in der zweiten Hälfte ihrer Teenagerzeit. Andere sind erst zwischen 20 und 30 Jahren so weit.

Ich glaube, also bin ich

Selbstverständlich ist der Glaube von diesen Entwicklungen nicht ausgeschlossen. Ein 12-, 13-, 14-Jähriger ist von seiner psychischen Entwicklung her gesehen noch nicht in der Lage, eine »hingegebene Gottesbeziehung« zu leben, sondern passt sich den religiösen Werten seiner Umwelt an bzw. experimentiert mit widersprechenden Werten. Und nur, wenn die Freiheit besteht, zum Glauben und zur eigenen Kirche auch ablehnend stehen zu können, kann sich so etwas wie ein persönlicher und fester Glaube entwickeln.

In seiner seelischen Entwicklung hat der Mensch u.a. die Aufgabe, seine Selbstwahrnehmung immer mehr an den realen Bedingungen der Außenwelt zu orientieren. Während ein Kleinkind gar nicht in der Lage ist, zwischen einer »Wirklichkeit« und seinem eigenen Blickwinkel auf diese Wirklichkeit zu unterscheiden (Kinder wissen meist nicht einmal, dass sie einen eigenen Blickwinkel haben), müssen Erwachsene nicht nur ihre eigenen Gedanken und Überzeugungen verstehen, sondern auch die anderer Menschen nachvollziehen können und sich mit ihnen auseinandersetzen. Der Jugendliche befindet sich in einem Prozess, in dem sich die kleine Welt eigener Gedanken und Überzeugungen rapide ausweitet, hin zu einer unüberschaubaren Vielfalt unterschiedlicher Meinungen und Überzeugungen. Viele dieser Überzeugungen sind plausibel und vom Standpunkt des jeweiligen anderen nachvollziehbar.

Der Jugendliche befindet sich in einem Prozess, in dem sich die kleine Welt eigener Gedanken und Überzeugungen rapide ausweitet.

Ich meiner mir mich

Solche Vielfalt ist für den jungen Menschen in der Entwicklung jedoch nicht nur faszinierend, sondern auch verwirrend und beängstigend. Im Umgang mit dieser Herausforderung entwickelt der Teenager eine neue Form des Egozentrismus, bei dem er oder sie sich ähnlich wie ein Kleinkind fast ausschließlich mit sich selbst beschäftigt. In anderen Worten: Teenager denken zwar viel über die Gedanken und Überzeugungen anderer Menschen nach, gehen aber davon aus, dass sich die anderen um sie herum ständig innerlich mit ihnen beschäftigen. Sie fühlen sich beobachtet, und wenn die 13-jährige Nina im Streit mit der Mutter höchst erregt sagt: »Eher bringe ich mich um, als mit Sandalen in die Schule zu gehen!«, zeigt sie, wie sehr sie sich als Mittelpunkt ihrer Welt erlebt. Tatsache ist, dass die Mehrheit ihrer Klassenkameraden ihr Schuhwerk überhaupt nicht wahrnimmt (weil sie ebenfalls mit sich selber beschäftigt sind) und dass die wenigen, die es tun, zum größten Teil gar nichts dabei denken.

Und trotzdem ist aus Ninas Blickwinkel die Vorstellung völlig real, dass sie nach einem Schultag in Sandalen nur noch als ausgestoßene und lächerliche Person existieren könnte. Die Überzeugung, dass Beliebtsein mit dem Besitz der »richtigen« Klamotten verbunden wäre bzw. Mobbing ein Ergebnis der »falschen«, ist ein Mythos – den die Werbeindustrie aber so erfolgreich verbreitet, dass selbst viele Eltern glauben, man würde in der Schule verprügelt für den falschen Anorak. Untersuchungen zeigen, dass Beliebtheit von sozialer Kompetenz, Selbstsicherheit etc. abhängig ist. Tatsache ist: Unbeliebte Schüler werden sogar noch unbeliebter, wenn sie die »richtigen« Klamotten tragen, weil ihnen das »eigentlich nicht zusteht«. Bemerkungen der Mitschüler erklären dann den Besitz angesagter Klamotten z. B. damit, dass sie »geklaut wären« oder dass »die Mutter für so etwas putzen gehen müsste«. Wenn beliebte Schüler dagegen aus Verhältnissen stammen, in denen teure Gegenstände nicht erschwinglich sind, erhöht das sogar ihre Sympathiewerte.

Die Suche nach Identität führt also Teenager dazu, dass sie sich, auch im Unterschied zu jüngeren Kindern, ständig selber messen und bewerten und dabei die Reaktionen anderer Menschen als Grundlage ihres Selbstgefühls nehmen. Die Identität eines Teenagers lässt sich in einem Satz umschreiben: Ich bin das, wie andere auf mich reagieren. In gewisser Weise leben also Teenager wie in einem Aquarium, in dem sie sich ständig einem imaginären Publikum darstellen. Ihr Selbstwert wird durch Applaus gehoben und durch Buhrufe zerstört. Sie achten sehr genau darauf, welche sprachlichen und auch nonverbalen Ausdrucksformen wie ankommen. So kann z. B. eine »falsche« Geste, mit der sich ein 14-jähriges Mädchen die Haare aus dem Gesicht streicht, anderen als Grundlage dazu dienen, diese Geste entweder lächerlich zu machen oder sie zu imitieren. Wenn Eltern an der Sprache und an den Gebärden von Teenagern Anstoß nehmen, ist es für Teenager deshalb sehr verwirrend und extrem störend.

Die Identität eines Teenagers lässt sich in einem Satz umschreiben: Ich bin das, wie andere auf mich reagieren.

Selbstinszenierung: im Grunde bin ich wer ganz anderes

Viele Teenager entwickeln auf ihrer Suche nach Identität so etwas wie eine persönliche Legende: eine private und imaginäre Lebensgeschichte, meistens voller Übertreibungen, in der sie selber eine ganz besondere Rolle spielen. Sie entwickeln z.B. ausgeprägte Fantasien darüber, selber ein berühmter Star zu werden, eine ganz einzigartige Familiengeschichte zu haben und so weiter. Und es kommt gar nicht selten vor, dass die klare Unterscheidung zwischen Fantasie und Wirklichkeit nicht mehr gelingt.

Das Leben mit einem imaginären Publikum hilft dem Jugendlichen schließlich aber doch dabei, die Realität und das eigene Selbstkonzept unter einen Hut zu bringen. Nach und nach beginnen Heranwachsende wahrzunehmen, dass zwischen ihren eigenen Sorgen und Vorstellungen und den wirklichen Bedürfnissen anderer ein Unterschied besteht. Das geschieht normalerweise mit ca. 15 oder 16. Erst dann sind Jugendliche in der Lage, echte Beziehungen zu entwickeln, in denen sie mit den Freunden Freud und Leid teilen. Das extreme Selbstinteresse, welches sich mit der Entwicklung einer »persönlichen Legende« entwickelt, wird so langsam, aber sicher (jedoch bei vielen Menschen niemals wirklich vollständig) überwunden.

Bei Jugendlichen, die mit beiden Elternteilen zusammenleben, gehört zur »persönlichen Legende« oft die Vorstellung, in Wirklichkeit ein adoptiertes Kind zu sein oder einen anderen besonderen Lebensweg zu haben. Sich mit dieser Vermutung auseinanderzusetzen, ist natürlich besonders schwierig für die inzwischen große Zahl von Kindern, die nicht mit beiden Elternteilen zusammenleben. Die Abwesenheit eines oder beider Elternteile in einer Fortsetzungsfamilie oder bei tatsächlich adoptierten Kindern gibt den Spekulationen über die »wirklichen Eltern« freien Lauf. Es ist also normal und auch richtig, wenn die Auseinandersetzung mit Stiefeltern, Adoptiveltern usw. zu diesem Zeitpunkt noch einmal einen krisenhaften Höhepunkt erfährt.

Die 12-jährige Bettina wurde im Alter von etwa 6 Monaten nach dem Tod beider Eltern von einer Pflegefamilie aufgenommen, die sie im Alter von 5 Jahren dann auch adoptierte. Bettina hat Bilder von ihren Eltern und Kontakte zur Verwandtschaft der verstorbenen Eltern und daher auch einen begrenzten Zugang zur Realität, in der diese Eltern lebten (Beruf, Aussehen usw.). Doch beschäftigt sie sich innerlich ausgiebig mit Fantasien darüber, wie ihr Leben aussähe, wenn sie als Kind ihrer leiblichen Eltern aufwachsen könnte. Gleichzeitig erlebt sie, dass die Adoptiveltern etwas befangen oder gar gekränkt reagieren, wenn sie ein »zu großes« Interesse an ihren leiblichen Eltern äußert, sodass sie sich scheut, über ihre Gedanken mit ihren Adoptiveltern zu sprechen.

Beim Sommerschlussverkauf geht die Mutter mit Bettina einkaufen und weigert sich, viel Geld für einen teuren Markenpullover auszugeben, den Bettina sich wünscht. Plötzlich bricht die vorgespielte Sicherheit der Mutter-Tochter-Beziehung zusammen. Unter Tränen und in höchster Erregung sagt Bettina im Laden und vor allen anderen Kunden: »Da sieht man, dass du nicht meine wirkliche Mutter bist!«

Bettinas Mutter ist höchst verunsichert: Kann es sein, dass ihre Gefühle für Bettina wirklich nicht so tief und liebevoll sind wie zwischen biologischen Müttern und ihren Töchtern? Haben sie als Eltern etwas falsch gemacht?

Die Mutter fühlt sich gleichzeitig manipuliert und schuldig, ist voller Selbstzweifel und ärgerlich. Soll sie nun doch den teuren Pullover kaufen und damit die Situation retten? Oder macht sie sich damit zur Geisel einer »Du-liebst-mich-nicht-wirklich-Behauptung«?

Wahrscheinlich wäre es am besten, wenn Bettinas Mutter jetzt denken könnte: »Ich wusste, dass das irgendwann kommt. Wie gut, dass sich Bettina in unserer Beziehung so sicher fühlt, dass sie auch diesen grundsätzlichen Zweifel an der elterlichen Liebe äußern kann. Irgendetwas müssen wir schon richtig gemacht haben.«

Ähnliche Auseinandersetzungen gibt es natürlich auch bei Alleinerziehenden, Stiefeltern und anderen, die sich in der Situation finden, dass ihre Teenager sie in der Besonderheit ihrer Erzieherrolle kritisch hinterfragen und die echten oder scheinbaren Nachteile gegenüber anderen, den »normalen« Familien, deutlich hervorheben. Auch hier sind die Eltern bzw. Erzieher oft hin- und hergerissen zwischen ihren Empfindungen, dem Kind möglicherweise doch nicht genug gegeben zu haben, und dem Ärger über die erlebte Manipulation. Und auch hier hilft es, innerlich gelassen zu reagieren: »Die Kritik muss früher oder später kommen – gut, dass sie offen ausgetragen wird. Das ist ein Zeichen dafür, dass unsere Beziehung im Großen und Ganzen stimmt.«

Identitätsfindung ist nicht schmerzlos

Unter dem inneren Zwiespalt einer noch nicht entwickelten Identität und dem starken Bedürfnis, sich ständig mit sich selbst zu befassen, werden die meisten Teenager für Rückmeldungen von Dritten nicht nur sensibel, sondern oft mimosenhaft verletzbar. Sie definieren ihren Wert über die Wertschätzung, die sie von anderen erleben, und haben nicht selten sogar Selbsttötungsgedanken, wenn sie sich ungeliebt fühlen. Sie erleben einerseits eine drastische Zunahme ihrer Freiheiten, Möglichkeiten und Fähigkeiten und andererseits eine quälende Unsicherheit in der Frage nach ihrer Identität. Es ist diese Spannung, die sie dazu bringt, viel über sich nachzudenken, lange Gespräche mit Freunden und Freundinnen zu führen – und innerhalb weniger Jahre so tatsächlich eine enorme seelische Reifungsarbeit zu vollbringen: zu definieren, wer sie sind, was sie wollen und was sie können.

Da Teenager ihre Identität aus den Reaktionen anderer ableiten, Eltern in der Regel Konfliktpartner sind und die Idole nun mal relativ unerreichbar bleiben, bleibt nur noch eine Gruppe übrig, an der man sich orientieren kann: Freunde, Clique, Kumpels.

7. MEINE FREUNDE – MEINE WELT: NICHTS IST WICHTIGER

Bei Befragungen von Teenagern gaben zwischen 70 und 80 % an, dass ihre Überzeugungen und Werte die gleichen sind wie die der meisten anderen Jugendlichen. Die Identifikation mit anderen im gleichen Alter hat in der Regel Vorrang vor der Identifikation mit Volkszugehörigkeit, Religion, Nachbarschaft oder Geschlecht. Jugendliche fühlen und erleben sich in allererster Linie als Zugehörige einer bestimmten Altersgruppe und sehen darin auch den wichtigsten Unterschied, der sie von anderen unterscheidet.

Die jugendverliebte Erwachsenenwelt

Das starke Bedürfnis, sich auch äußerlich von anderen Altersgruppen zu unterscheiden (insbesondere von der Elterngeneration), ist in unserer heutigen Gesellschaft nicht mehr einfach zu leben. Während die Eltern es in ihrer eigenen Jugend noch leicht hatten, das Besondere des Jugendlichen herauszustellen (z. B. durch Bluejeans, Hippiemode oder Haarlänge), leben die heutigen Teenager in einer Kultur, die die Jugend zum Ideal erklärt hat. Wenn also Jan seine Zugehörigkeit zur Teenagerkultur dadurch zeigen möchte, dass er als Fortbewegungsmittel ein Kickboard wählt, kann man davon ausgehen, dass drei Wochen später die gesamte Familie, möglicherweise inklusive Opa und Oma, auf dem Kickboard um die nahe gelegene Talsperre rollert. Sei es der Ohrring, die Designerjeans oder das Haar-Gel: Innerhalb kürzester Zeit werden die Jugendtrends von der älteren Generation übernommen.

Innerhalb kürzester Zeit werden die Jugendtrends von der älteren Generation übernommen.

Damit fallen die Identifikation mit den Freunden und die Abgrenzung von anderen Generationen immer schwerer. Da extreme Signale wie bunt gefärbte Haare oder eine Schmucknadel durch die Augenbraue wiederum nicht jedermanns Sache sind, wird die Sache schwierig. Häufig sind der Musikgeschmack oder einzelne Hollywood-Produkte der einzige Rückzugsort, in dem die Jugendkultur ungestört gepflegt werden kann, was natürlich den kommerziellen Interessen der Musik- und Filmindustrie sehr gelegen kommt. Man könnte in einem Satz zusammenfassen: Die Identifikation mit anderen Teenagern kostet Geld. Viel Geld.

Die Identifikation mit anderen Teenagern kostet Geld. Viel Geld.

Die Teeniewelt: geschlossene Gesellschaft

Das bedeutendste Forum, in dem Begegnungen mit Gleichaltrigen stattfinden, ist die Schule. In der Schule gelingt es Teenagern, ihre eigene soziale Welt zu schaffen. Sie ist nicht nur der Ort, an dem die Heranwachsenden die meiste Zeit verbringen, sondern in gewisser Weise eine Mini-Welt, in der sie die Antworten auf die vielen Konflikte suchen, die diese Lebensphase kennzeichnen. In den Begegnungen in der Schule suchen Jugendliche nach ihrem Selbstbild und nach ihren Werten. Sie teilen ihre Erfahrungen ihren Freunden mit. Die gemeinsamen Probleme werden diskutiert, und die individuelle Leistung wird an anderen gemessen.

Heranwachsende ziehen die Gesellschaft Gleichaltriger meistens der Gesellschaft ihrer Familie vor, wobei man jedoch nicht vergessen darf, dass das auch für viele jüngere Kinder und Erwachsene gilt. Dabei ist das soziale Umfeld der Heranwachsenden sehr groß. Die Teenager entwickeln nicht nur Kontakte mit Bekannten der Familie, sondern auch mit relativ vielen Fremden ihrer eigenen Altersgruppe.

Dadurch dient die Gesellschaft der Heranwachsenden als eine Brücke in die Erwachsenenwelt, in der man einer großen Vielfalt unterschiedlicher Kollegen, Berufe usw. ausgesetzt ist. Die Interaktionen mit Gleichaltrigen sind in vieler Hinsicht ein Spiegelbild der Vorgänge, die in der Erwachsenenwelt funktionieren. Das gilt für formale Organisationen (wie z.B. in der »Schüler(mit)-verwaltung«, die demokratisch strukturiert wird) wie auch für informelle Vorgänge (wie z.B. die Regeln, mit denen festgelegt wird, wer wen zur Geburtstagsfeier einlädt).

Allerdings unterscheiden sich die Gruppen Heranwachsender von denen der Erwachsenenwelt meist in der Art und Weise, wie Autorität verteilt wird. Heranwachsende vermeiden hierarchisch gegliederte Strukturen und sind selber in der Regel sehr ungern bereit, unter Gleichaltrigen die Leitung zu übernehmen. Ihr Interesse ist eher, sich mit anderen zu verbrüdern als über sie zu bestimmen.

Ansonsten sind die Unterschiede zur Erwachsenengesellschaft relativ gering oder nur oberflächlich und dienen eher provokativen Zwecken. So mag sich die Kultur der Heranwachsenden z.B. im Kleidungsstil und Musikgeschmack unterscheiden, aber sie übernimmt tiefere Werte und Normen der Eltern-Generation. So haben sich die Einstellungen zu Ehe, Familie, Treue, Lebensidealen und Familiengründung nur sehr wenig oder gar nicht geändert. Die Vorstellungen davon, was das Leben sinnvoll macht und wie sich Erfolg definiert, sind fast immer konform zur Eltern-Generation.

Cool sein ist alles

Im Umgang mit Freunden und Gleichaltrigen ist die zentrale Frage: Wie beliebt bin ich? Die Mitgliedschaft in einer Clique wird durch die soziale Attraktivität bestimmt, und auch umgekehrt gilt, dass die Beliebtheit durch die Zugehörigkeit zur »richtigen« Clique verstärkt werden kann.

Unbeliebt zu sein ist für Teenager außergewöhnlich schmerzhaft. Obwohl auch das Interesse und emotionale Engagement der Eltern für diese Altersgruppe noch große Bedeutung haben, zeigen Forschungen deutlich, dass das Selbstwertgefühl der Teenager viel stärker durch die Reaktionen der gleichaltrigen Gruppe bestimmt wird als durch die Eltern.

Von daher ist es nicht verwunderlich, dass Jugendliche in einem extremen Maß damit beschäftigt sind, sich den Beliebtheitsansprüchen der Gleichaltrigen zu stellen. Wissenschaftliche Untersuchungen über Beliebtheit in Teenager-Gruppen zeigen, dass Persönlichkeitseigenschaften (Freundlichkeit, Kommunikationsfähigkeit usw.) eine wichtige Rolle spielen, aber nicht die Hauptrolle. Das zentrale Element bei der Beliebtheit unter Jugendlichen ist die körperliche Attraktivität. Und im Gegensatz zu den Erinnerungen, die die meisten älteren Generationen an ihre eigene Teenagerzeit haben, zeigen die Forschungen, dass sich hier nichts geändert hat. Mit anderen Worten:

Das zentrale Element bei der Beliebtheit unter Jugendlichen ist die körperliche Attraktivität.

Auch wenn wir Eltern gerne glauben, dass in unserer Jugend Charakter und innere Werte eine wichtigere Rolle gespielt haben, stimmt das im Großen und Ganzen nicht. Auch wir haben am ehesten dazugehört, wenn unser Aussehen akzeptabel war.

Alle anderen sind perfekt

Ein Unterschied besteht aber wohl darin, dass durch den Einfluss von Medien und durch die wirtschaftlichen Möglichkeiten, sich attraktiv zu kleiden, die Maßstäbe für körperliche Attraktivität sehr viel strenger geworden sind. Während also in Generationen vor uns ein paar schiefe Zähne oder leicht verschlissene Kleidung die körperliche Attraktivität nicht minderten, leben wir heute im Zeitalter der Zahnspange, der halbjährlich wechselnden Markenkleidung und der perfekten Figur. Der Konkurrenzdruck ist zwar nicht größer geworden, aber die Latte, die festlegt, ob jemand als attraktiv gilt, liegt ungleich höher. Von daher ist es kein Wunder, dass immer mehr Jugendliche aus diesem Wettstreit aussteigen, zum Teil, weil es ihnen nicht gelingt, den Anforderungen zu genügen, zum Teil, weil sie sich diesem Regime nicht unterordnen wollen. Der rapide Anstieg von Essstörungen, wie Magersucht oder Bulimie, Suchtstörungen oder Depressionen bei Jugendlichen ist ein beunruhigendes Signal. Und auch die letzte und endgültige Form des »Aussteigens«, die Selbsttötung, ist eine immer häufigere Reaktion auf den gnadenlosen Konkurrenzkampf. In Deutschland ist die Selbsttötung inzwischen bei Jugendlichen die zweithäufigste Todesursache nach den Verkehrsunfällen.

Eine deutliche Verschärfung der sozialen Attraktivitätsleistungen, die Jugendliche erbringen müssen, entsteht auch durch die Kommerzialisierung der Jugendkultur, in der es immer teurer wird, »in« zu sein. Ein wesentlicher Mechanismus dieser Kommerzialisierung sind die privaten Fernsehsender, die ihre Programme ausschließlich durch Werbeeinnahmen finanzieren. Die Begegnung Jugendlicher untereinander in Jugendgruppen, Sportvereinen oder Musikgruppen kann ein wesentlicher Beitrag zur »Medienhygiene« sein.

Als Eltern und Erzieher wird es uns nicht gelingen, die Probleme Heranwachsender dadurch zu bewältigen, dass wir diese ständig zum Konfliktstoff machen oder dass wir ihnen verbieten, sich an den Normen und Werten der gleichaltrigen Gruppe zu orientieren. Es wäre nicht natürlich und entspricht nicht der seelischen Reifungsaufgabe Jugendlicher, sich in diesen Punkten der älteren Generation anzupassen. Allerdings sollten wir Gelegenheiten schaffen, bei denen Jugendliche sich mit Gleichaltrigen treffen können, ohne dass der Konkurrenzkampf noch verschärft wird. Hier haben Kirchen und christliche Gemeinschaften eine wesentliche Aufgabe.

Die Interessen der Familie und insbesondere die der Eltern kollidieren also häufig mit dem Interesse des Jugendlichen, der ja nicht mehr bei den Eltern, sondern bei den Gleichaltrigen um Akzeptanz kämpft. Im Wettbewerb um den größeren Einfluss haben wir Eltern schlechte Karten.

8. ALLE DÜRFEN IMMER, NUR ICH NIE ... IHR SEID JA WIEDER VOLL DIE ELTERN!

In dem Maße, in dem eine integrierte Identität gebildet wird und Beziehungen zu Gleichaltrigen in den Vordergrund rücken, ist natürlich eine Lösung aus der Bindung an die Familie wichtig. Eine solche Loslösung gehört auch zur Schöpfungsordnung, und bereits auf den ersten Seiten der Bibel kann man nachlesen, dass die Bindung zwischen Ehepartnern nur gelingen kann, wenn die Bindung an die Eltern gelöst wurde. Ein gewisses Maß an Konflikten ist in dieser Zeit also natürlich und normal, allerdings keinesfalls so selbstverständlich wie oft angenommen. Vieles, was über den sogenannten Generationenkonflikt in Zeitschriften und Medien veröffentlicht wird, entpuppt sich bei genauerem Hinschauen als grobe Übertreibung. Je nach Umfrage berichten 60 – 70% aller Teenager, dass sie mit ihren Eltern prima klarkommen, und von den verbleibenden 30 – 35% sagen die meisten, dass die Kommunikationsprobleme, die sie mit ihren Eltern haben, auf Fehler und Probleme bei beiden Seiten zurückzuführen sind. Nur etwa jeder zwanzigste Jugendliche behauptet, dass er prinzipiell ungern Zeit mit den Eltern verbringt.

Außerdem zeigt sich, dass die Schwierigkeiten, die sich während der Teenagerzeit in der Beziehung zu den Eltern ergeben, im Großen und Ganzen davon abhängig sind, wie die Beziehung zwischen Eltern und Kind vor der Pubertät aussah. Einige Schwierigkeiten liegen auch ganz klar darin begründet, dass die Eltern von Teenagern häufig in einer Lebensphase sind, in der sie ihre eigene Lebenssituation neu bedenken und gestalten müssen (s. Kapitel 1).

Nur etwa jeder zwanzigste Jugendliche behauptet, dass er prinzipiell ungern Zeit mit den Eltern verbringt

Würdige Gegner gesucht

Das heißt natürlich nicht, dass der Generationskonflikt ein reiner Mythos ist. Weder aus der Sicht der Eltern noch der Heranwachsenden wird der jeweils andere als unproblematisch wahrgenommen. Jugendliche erleben sich von ihren Eltern oft als zu häufig kritisiert und in ihren eigenen Entscheidungen eingeengt. Interessanterweise fordert aber eine Mehrzahl der Teenager nicht die vollständige Freiheit in allen Entscheidungsprozessen, sondern wünscht sich, dass die Eltern interessiert und aktiv an ihrem Leben beteiligt sind.

Für die entwicklungspsychologisch notwendigen Reifungsprozesse des Teenagers ist es im Gegenteil sogar notwendig, dass von Seiten der Eltern ein gewisses Maß an Widerstand zu spüren ist, nach dem die Teenager auch suchen. Das seelische Bedürfnis der Teenager ist hier zwiespältig: Sie brauchen es, dass ihnen ihre Eltern Grenzen setzen und Bedingungen vorgeben, gegen die sie sich zur Wehr setzen können. Denn es will gelernt und geübt werden, sich in der Erwachsenenwelt durchzusetzen. Eltern, die ihren Kindern keinen Widerstand entgegensetzen, geben ihnen nicht genügend Möglichkeit zu lernen, ihren eigenen Mann/ihre eigene Frau zu stehen. Das spüren Heranwachsende als ein Defizit und versuchen instinktiv, die Grenzen ihrer Eltern und, wenn das nicht gelingt, die ihrer Gesellschaft (z.B. der Schule) zu testen. Wenn diese Grenzen jedoch zu hart sind, sind

Eltern, die ihren Kindern keinen Widerstand entgegensetzen, geben ihnen nicht genügend Möglichkeit zu lernen, ihren eigenen Mann/ihre eigene Frau zu stehen.

die Bemühungen des Teenagers, sich durchzusetzen, von vornherein zum Scheitern verurteilt, und es gibt keine Möglichkeit zu lernen, dass man sich mit guten Argumenten und auf der Basis einer akzeptierenden Beziehung häufig durchsetzen kann. Für Eltern gilt es also, eine zweifache Bedingung zu schaffen: Einerseits genügend Reibungsfläche zu bieten, an der ein Teenager Konfliktfähigkeit und Auseinandersetzung üben und lernen kann, und andererseits flexibel genug zu sein, sodass es dem Teenager im Verlauf dieser wenigen Jahre auch gelingen kann, zu eigenen Überzeugungen, Meinungen und zu einem hohen Maß an Eigenverantwortung zu kommen. Eltern, die ein starkes Bedürfnis haben, die Kontrolle über ihre Kinder zu behalten, sind also hier ebenso zum Scheitern verurteilt wie Eltern, die z.B. aus Gründen der eigenen Harmoniebedürftigkeit ihren Kindern alles erlauben.

Die strengsten Eltern an der ganzen Schule

Da sich Teenager in ihrer Haltung und ihren Einstellungen weitgehend an Gleichaltrigen orientieren, ist es nicht überraschend, dass sie auch im Gespräch mit den Eltern das Maß der Kontrolle, welches sie erwarten oder auch zu akzeptieren bereit sind, an den Erfahrungen ihrer gleichaltrigen Freunde festmachen. Vor daher ist es das Selbstverständlichste, dass Teenager die eigene Freiheit als angemessen betrachten, wenn sie in etwa den Freiheiten entspricht, die ihre Freunde und Freundinnen haben. Das elterliche Beharren (»Es ist uns ganz egal, was die anderen machen«) ist für den Teenager also nicht hilfreich. Er kann sich auf diese Argumentation nicht einlassen. Andererseits werden denkende und verantwortungsbewusste Eltern sich in ihrer Erziehung nicht durchgängig an den Normen der Gesellschaft orientieren und daher in einzelnen Bereichen ihre Teenager mit Einschränkungen oder mit Freiheiten konfrontieren, die im Vergleich zu den Nachbarn zu groß oder zu klein sind. Wenn die Eltern ihre Haltung durchsetzen wollen, müssen sie deshalb ein hohes Maß an Einfühlungsvermögen mitbringen und wahrnehmen, dass für ihre Kinder die nicht gesellschafts-konforme Erziehung wirklich schmerzhaft ist. Es gilt also darauf zu achten, dass die Eltern das Kind nicht in seiner prinzipiellen Orientierung an Gleichaltrigen ablehnen, sondern diese akzeptieren und dennoch im einzelnen Fall mit viel Verständnis für die Widerstände des Kindes auch einmal etwas durchsetzen können, was nicht »normal« ist (s. Kapitel 15).

»Ganz kurz noch ... bin gleich soweit ...« Zwei Stunden später sitzt der Nachwuchs immer noch fasziniert vor dem Bildschirm und hat die Zeit offensichtlich völlig verpeilt. Die Entwicklungen der Kommunikationstechnik sind gravierend und präsentieren eine echte Herausforderung – nicht nur für Teenies, sondern auch für deren Erzieher. Leben im Informationszeitalter erfordert den gekonnten Umgang mit Medien. Handy, Internet und TV schaffen neue Möglichkeiten für Bildung, Unterhaltung und Beziehungen – können aber auch zur Falle werden.

9. TEENIES VOR DEM BILDSCHIRM: BILDEN ODER ABSCHIRMEN?

Der Anteil der Teenager, die den größten Teil ihrer Freizeit vor einem Bildschirm verbringen, wächst ständig. Die Folgen, die sich daraus für ihr Leben ergeben, schließen unter anderem Bewegungsmangel ein, Konzentrationsstörungen, soziale Isolation, fehlende Kreativität und ein Wertesystem, welches den Sinn des Lebens hauptsächlich im Konsum und im »Spaßhaben« sucht.

Die meisten Eltern erziehen ihre Kinder mehr oder weniger so, wie sie selbst erzogen wurden. Abgesehen von wenigen Bereichen, in denen wir absichtlich die gewohnten Schienen verlassen, gibt es in den meisten Familien Normen und Regeln, die in etwa einer Mischung der beiden Herkunftsfamilien entsprechen. So war es vielleicht in der eigenen Kindheit üblich, dass Teenies bestimmte Serien im Fernsehen auf keinen Fall verpassen durften. In jedem Fall war das Programmangebot jedoch begrenzt. Elektronische Spielkonsolen gab es vielleicht schon – z. B. von Atari, aber die Spiele waren nicht stundenlang interessant. Das kalifornische Unternehmen war einst Weltmarktführer, verpasste aber den Sprung in die neue digitale Welt und musste 1996 endgültig schließen.

Wer in der Anfangszeit der Computerspiele mal länger als 10 Minuten »Pong« gespielt hat, erinnert sich: auf grün leuchtenden Monochrombildschirmen einen Balken so hin und her zu schieben, dass der »Ball« nicht ins Aus geht, war nicht ewig spannend. »Pacman« oder »Tetris« und die frühen Versionen von »Mario Brothers« waren ähnlich aufregend: nämlich ziemlich wenig im Vergleich zu heutigen Games. 1989 brachte der japanische Spielkartenhersteller Nintendo den »Game Boy« heraus, mit dem Kindern lange Autofahrten dank ebenso langer Akkulaufzeiten verkürzt wurden. Schlag auf Schlag kamen neue Spielsysteme und immer bessere Technik auf den Markt, und in jedem Jahr waren die Renner unterm Weihnachtsbaum die jeweils neuesten Versionen. Immer mehr Jugendliche bekamen Zugang zu eigenen PCs, und heute sind Internetflatrate, Laptop und Computerspiele aus vielen Kinderzimmern nicht mehr wegzudenken. Soziale Netzwerke wie »Facebook« sind weltweit ein »Muss« für fast jeden Teenager. Da es im Internet keinen echten Jugendschutz gibt, sind pornografische Filme und brutale Gewalt für jeden zugänglich. Die Infos über entsprechende Webseiten werden auf jedem Schulhof oder beim Chatten ausgetauscht.

1 000 Kanäle und mehr: TV heute

Beim Fernsehen gab es eine ähnlich sprunghafte Entwicklung: während von 1970 bis 1990 der durchschnittliche tägliche Fernsehkonsum bei ca. 120 Minuten relativ konstant blieb, stieg er ab 1990 sprunghaft an und liegt heute bei fast verdoppelten 220 Minuten. Die tägliche Zeit mit einem Buch ging von durchschnittlich 22 auf 18 Minuten zurück. Die »geistig-moralische Wende« der damaligen Bundesregierung führte nämlich (1984) zur Zulassung vieler privater Fernsehsender, die von nun an den öffentlich-rechtlichen (mit ihrem Bildungs- und Informationsauftrag) kräftig Konkurrenz machten. In der Welt vor RTL, Sat1 oder Pro7 gab es nachts irgendwann einen Sendeschluss – und spätestens bei Ertönen eines Pieptones zum Testbild fand auch der süch-

Nachrichten und Dokus, Musikvideos, Sport, Soaps und Sex laufen 24 Stunden am Tag. Wer zappt, der findet.

tigste Zuschauer den Ausknopf. Der digitale Satellitenempfänger, der beim Lebensmitteldiscounter inklusive Satellitenschüssel inzwischen für Kleingeld zu haben ist, kann ca. 1000 Sender empfangen; knapp 100 davon sind für ein deutschsprachiges Publikum möglicherweise interessant. Der Blick in die Programmzeitschrift erübrigt sich weitgehend: Wer den Fernseher anmacht, findet immer etwas aus jedem Genre – Nachrichten und Dokus, Musikvideos, Sport, Soaps und Sex laufen 24 Stunden am Tag. Wer zappt, der findet. Immer.

Die privaten, also kommerziellen Fernsehsender, haben weder einen Informations- noch einen Bildungsauftrag, sondern finanzieren sich durch die Werbung, die sie ausstrahlen. Ihr Interesse ist also, möglichst billige Sendungen mit möglichst hohen Zuschauerquoten zu produzieren. Das Ergebnis: billigste Zeichentrickserien, in denen die Aufmerksamkeit jüngerer Kinder hauptsächlich durch die Darstellung von Gewalt gesichert wird, noch billigere Talkshows und so genannte Doku-Soaps. Die durchschnittliche Szene im Zeichentrickfilm ist so kurz, dass nach jeweils sehr wenigen Sekunden die Aufmerksamkeit des Kindes durch einen Bilder- oder Szenenwechsel neu erregt wird. Für die Konzentrationsfähigkeit und Aufmerksamkeitsspanne von Kindern sind diese Sendungen Gift. Für Jugendliche sind Zeichentrickserien irgendwann nicht mehr so interessant, dafür sind jede Menge Talkshows im Angebot. Unter dem Vorwand, Hilfe zur Lebensbewältigung zu bieten, wird die Privatsphäre der Teilnehmer öffentlich der Lächerlichkeit preisgegeben. Die Gäste werden oft verächtlich behandelt, die Talkmaster halten sich mit zweifelhaften ethischen Bewertungen nicht zurück, und zum Schluss bleibt als Lektion für Talkgäste und Zuschauer: Tu, was dir Spaß macht! Diese Botschaft liegt ja auch im Interesse der Werbekunden, die die Sendungen finanzieren. (Spaß kostet fast immer Geld.)

Nicht mehr wegzudenken: das Handy

Ina ist eine aufgeweckte 14-Jährige. Seit einigen Wochen gähnt sie häufig, ist oft schlecht gelaunt und hat in der Schule deutlich nachgelassen. Ärztliche Untersuchungen, Blutbild etc. zeigen keinen Befund – Ina ist scheinbar gesund.

Eines Nachts fällt den Eltern ein seltsamer Brummton auf – leise, aber deutlich hörbar. Immer öfter achten sie nun auf das eigenartige Geräusch. Schließlich stellt sich heraus, dass es der Vibrationsalarm von Inas Handy ist: fast jede Nacht kommen mehrmals Telefongespräche oder SMS, bis in die frühen Morgenstunden.

Die Eltern beschließen daraufhin, Inas Handy nachts zu »konfiszieren«. Das Ergebnis: innerhalb weniger Tage ist Ina wieder wie früher. Ausgeschlafen eben.

Auch die Entwicklung im Mobilfunk hat die Teeniewelt verändert: Ab 1992 ersetzte das D-Netz der Telekom das alte C-Netz, in dem nur etwa 850 000 Teilnehmer mobil telefonieren konnten. Im nächsten Jahr folgte das E-Netz; ab ca. 1995 wurde das Handyfonieren für Otto Normalverbraucher erschwinglich. Flatrates machen das Handy inzwischen billiger als einen Festnetzanschluss und es gibt mehr mobile Telefonanschlüsse als Bundesbürger. Die wenigen Mobilverweigerer werden also mehr als ausgeglichen durch diejenigen, die zwei oder mehr Nummern nutzen. Grundschüler verabschieden sich mit den Worten »wir telefonieren dann«.

In anderen Worten: Zwischen 1990 und 2000 fanden dramatische Veränderungen in unserer gesamten Medien- und Kommunikationswelt statt.

Ein echter Generationenwechsel

Unsere heutigen Teenager kennen Smartphones und Facebook, aber keine Welt ohne diese Medien. Ihre Eltern waren jedoch vor 1990 selbst Teenager und haben oft keine Ahnung davon, was in der heutigen Welt der Teenie-Medien abgeht. Sie sind zum Teil rührend naiv und wundern sich dann, wenn ihr 16-Jähriger, der sechs und mehr Stunden am Tag vor einem Bildschirm verbringt, weder Hausaufgaben und Sport noch Musik macht und keine Zeit mit Freunden verbringt. Nicht zu unterschätzen ist die Gefahr, dass Jugendliche ihre sozialen Bedürfnisse immer mehr über Chatforen und andere Bildschirmkontakte ausleben. Es gibt nicht wenige Teenager, die in der virtuellen Welt scheinbar mehr zu Hause sind als in der Realität. Auch der Computer kann ein Flucht- und Suchtmittel werden.

Unsere heutigen Teenager kennen Smartphones und Facebook, aber keine Welt ohne diese Medien.

Und doch lässt sich die heutige Teenagerszene nicht auf den Begriff »medienproblematisch« reduzieren. Die reale Welt bringt nach wie vor die eigentlichen Freuden und Herausforderungen der Teenagerzeit mit sich, und die virtuelle Welt kann und wird diese nicht ersetzen. Die meisten Teenager sind mit realen Beziehungen in einer realen Welt zu Hause, bereiten sich darauf vor, lebenstüchtige Erwachsene zu werden, und machen ihre teenagertypischen Entwicklungen und Krisen durch wie die Generationen vor ihnen. Sie lösen sich von den Eltern, verlieben sich und entwickeln ihr Selbstwertgefühl. Die meisten kommen auch mit der Medienwelt ganz gut klar: Viele nutzen das Internet für Schule und Freizeit mit großem Gewinn, informieren sich über alles Mögliche gründlich und vernetzen sich über soziale Netzwerke mit echten Freundschaften, die sie auch im wirklichen Leben pflegen. Sie begreifen, dass sie beim Konsum verdummender oder pornografischer Darstellungen zur Beute von Geschäftemachern verkommen. Sie managen ihren vollen Stundeplan mit Hilfe von Handys und verabreden sich z.B. spontan mit Freunden. Viele kennen die Abgründe und fallen nicht hinein. Auch wenn es in immer mehr Fällen zu einer fast vollständigen Verlagerung des Lebens in die virtuelle Realität kommt, sind das doch Ausnahmen. Die so betroffenen Jugendlichen werden allerdings nicht wirklich lebenstüchtig und sind auch nicht lebensfroh – was leider den Ausweg aus der fantastischen Scheinwelt nicht leichter macht, aber auch eine gute Seite hat: das Problem wird uns bewusst.

Gute Medienkompetenz ist für heutige Teenager einer der entscheidenden Faktoren für Lebenserfolg. Das Problem: Ihre Eltern sind oft vergleichsweise »mediale Analphabeten«, zumindest, was die Angebote in der Teenieszene betrifft. Sie haben keine Modelle bzw. keine eigenen Erziehungserfahrungen für gute Grenzen und notwendige Verbote. Viele haben keine Vorstellungen von der medialen Normalität

Gute Medienkompetenz ist für heutige Teenager einer der entscheidenden Faktoren für Lebenserfolg.

ihrer Kinder und reagieren erst, wenn deren Mediengewohnheiten offensichtlich außer Kontrolle geraten sind. Die Eltern wissen zwar, dass es Abgründe gibt, aber können sich nicht vorstellen, dass ihr eigenes Kind am Rand spielt.

Wenn der Bildschirm zum Blödschirm wird

Unsere Gehirne entwickeln sich ein Leben lang. Sie verknüpfen Nervenzellen und legen damit die Bahnen für die Steuerung von Denken, Fühlen und Handeln. Alles Lernen – von Lateinvokabeln bis zum einfühlsamen Kuss – bedeutet den Aufbau neuer Kontaktpunkte zwischen Hirnzellen. Diese Verknüpfungen (»Synapsen«) verbinden unterschiedliche Bereiche im Gehirn verschieden stark: so entstehen neuronale Autobahnen wie Trampelpfade. Das Grundprinzip lautet dabei: »What fires together, wires together«. Also im Prinzip ganz einfach: Was immer wieder gleichzeitig aktiviert wird, verbindet sich miteinander dauerhaft. Viel genutzte Verbindungen werden aufgebaut, wenig genutzte verfallen. Unter Stressbedingungen geschieht der Neubau synaptischer Verbindungen langsamer oder Synapsen werden sogar zerstört.

Wenn also der Papa das Kleinkind in einem Salto durch die Luft wirbelt und wieder auffängt, geht im Gehirn ein Feuerwerk synaptischer Aktivität ab. Die Signale von der sich bewegenden Muskulatur, aus dem Gleichgewichtsorgan, von der Netzhaut und dem Gehör sind dabei aber nicht chaotisch, sondern systematisch: In dem Moment, wo der Körper auf dem Kopf steht, sieht und hört man den Raum anders herum, die

Schwerkraft wirkt auf die Muskulatur anders, das Vestibularorgan im Innenohr meldet Kopfstand usw. Einen Sekundenbruchteil später ist wieder alles verändert, doch auch diese Veränderung geschieht im Einklang der unterschiedlichen Sinnesorgane und bei Wiederholung entstehen so eine unglaubliche Vielzahl neuer synaptischer Verbindungen. Diese Verbindungen zwischen unterschiedlichen Arealen sind die Grundlage für koordinierte Hirnfunktionen, und damit für motorische Geschicklichkeit und für die gesamte Intelligenz. Sie bilden z.B. eine gute räumlich-geometrische Vorstellung, die wiederum eine Grundlage für mathematisches Denken darstellt. Ein Gehirn eines Kleinkindes, welches vor den Teletubbies geparkt wird, entwickelt dagegen nur sehr spärliche Verbindungen und baut sich nicht die nötigen Infrastrukturen für Motorik und Denken. Wer die niedlichen Stofftierchen über eine grüne Wiese hoppeln sieht, macht fast keine echten Erfahrungen. Im Vergleich feiert ein Kleinkind, das selbst über eine echte Wiese krabbelt, die Steinchen auf der Kniescheibe mit dem Geruch der nassen Erde verbindet, eine Raupe in den Mund steckt (igittigitt!) und in den Armen der Mama zum Ziel kommt, ein Fest für die Sinne.

Und so lernen wir erst mühsam, dann immer leichter durch Sinneserfahrung immer komplexere Aufgaben wahrzunehmen. Wer sich an die ersten Fahrversuche erinnert, weiß, wie mühsam es ist, mit der rechten Hand zu schalten, mit der linken zu lenken und dabei gleichzeitig mit den Füßen Gaspedal und Kupplung richtig zu dosieren. Nach einigen tausend Wiederholungen geht das völlig automatisch. Dabei weiß unser bewusstes Gehirn dann oft viel weniger als das automatisch eingeübte Verhalten: Ein geübter Autofahrer greift beim Schalten dann blind und automatisch an die richtige Stelle, obwohl er – auf Anfrage – nicht mal »wüsste«, in welchem Gang er gerade fährt.

Es ist offensichtlich: Bildschirme und Lautsprecher können nur visuelle und akustische Sinneswahrnehmungen erzeugen und daher nur diese Bereiche im Gehirn fördern. Und die werden nicht unbedingt »sinnvoll« verknüpft. Im Film oder Videospiel hört und sieht man die Faust krachen, spürt aber nie den Schmerz. Autos gehen in Flammen auf, aber den Geruch verbrannter Leichen erspart uns der »Tatort«. Damit geht eine sinnliche und emotionale Verarmung einher. Die visuelle und akustische Welt wird immer besser und automatischer verarbeitet; Motorik, Geruch- und Geschmackswahrnehmungen, Tastsinn, das Gefühl für Körperberührung und Nähe fehlen. Wichtige Handlungskompetenzen sind am Bildschirm nicht zu lernen: vom aktiven Wortschatz, der deutlich größer ist bei Wenig-Guckern, bis zum Gleichgewicht. Hier ein Beispiel – ein Auszug aus einem Bericht über eine von Tausenden wissenschaftlicher Untersuchungen:

Im Film oder Videospiel hört und sieht man die Faust krachen, spürt aber nie den Schmerz.

Die »Ärzte Zeitung« in ihrer Ausgabe vom 19. 02. 2008: Die Studie mit dem Titel »Die Pisa-Verlierer – Opfer ihres Medienkonsums«, untersuchte den Zusammenhang zwischen dem Medienkonsum von Kindern und Jugendlichen und ihren Zensuren. Je brutaler die Inhalte von Filmen und Computerspielen seien, desto schlechter seien auch die Zensuren der Schüler. Die Analyse – befragt wurden 5 500 Viertklässler und 17 000

Neuntklässler – belege, dass die untersuchten Kinder mit schlechten Schulleistungen schon als Viertklässler über eine große Ausstattung mit Fernsehern, Spielkonsolen und Computern verfügten …

Gefahrenpotenzial Medien

Es gibt Studien zur Gewaltbereitschaft Jugendlicher, zur Häufigkeit von Depressionen, zur sozialen Kompetenz, Motivation, körperlichen Gesundheit, Übergewicht, Intelligenzentwicklung und so weiter.

Sie zeigen: Je mehr Zeit Jugendliche am Bildschirm verbringen, desto größere Probleme haben sie in wichtigen Lebensbereichen. Sie haben zu einseitige Erfahrungshorizonte. Hier einige Ergebnisse von wissenschaftlichen Untersuchungen an 15-Jährigen: Wer viel Zeit am Bildschirm verbringt

- geht nur etwa halb so oft spazieren
- joggt deutlich weniger
- verbringt doppelt so viel Zeit im Liegen
- hat deutlich schlechtere Noten in Deutsch
- verbringt viel weniger Zeit im Gespräch
- übt ¼ so viel ein Musikinstrument
- schaut anteilig viel mehr kommerzielle Sender
- hat weniger Selbstsicherheit
- ist viel häufiger übergewichtig
- liest schlechter
- verbringt mehr Zeit allein
- ist häufiger aggressiv
- zeigt häufiger Stresssymptome, besonders in der Schule
- hat schlechtere Chancen für einen höheren Bildungsabschluss.

Zusammengefasst heißt das: Zu viel Zeit am Bildschirm macht Kinder depressiv und aggressiv, beziehungsgestört, faul, dick und dumm. In ziemlich jeder Hinsicht sind Kinder, die viel Zeit mit Medienkonsum verbringen, ihren Gleichaltrigen unterlegen. Außer im Videospielen.

Ballerspiele

»Mama – ich weiß doch, dass das nur ein Spiel ist!« So oder ähnlich argumentieren viele Jugendliche, wenn die Eltern die sogenannten »Strategie«-Spiele kritisch sehen. Und natürlich haben beide recht: Jugendliche wissen durchaus den Unterschied von Realität und Fantasie zu würdigen. Andererseits gibt es viele gute Gründe, Gewaltspiele zu verbieten. Nicht nur die Zeit, die viele Jungen damit verbringen (und in der sie nichts Sinnvolles tun) spricht dafür, sondern auch die Folgen dieser Lust an der Gewalt sind erheblich. Viele Spiele sind zwar nicht für Jugendliche zugelassen, aber das hält diese nicht davon ab, sie zu spielen. Über 80 % aller Hauptschüler haben verbotene (indizierte) Gewaltspiele gespielt, 60 % spielen regelmäßig damit, und 33 % besitzen welche.[3]

Das Verheerende an Gewaltspielen ist, dass die Lust an der Gewalt nicht nur konsumiert, sondern aktiv und sehr effektiv trainiert wird.

Das Verheerende an Gewaltspielen ist, dass die Lust an der Gewalt nicht nur konsumiert, sondern aktiv und sehr effektiv trainiert wird. Die Effekte sind zweifelsfrei

3 Kroeber-Riel & Weinberg, 2003; in: Spitzer, Vorsicht Bildschirm, Stuttgart 2005; S. 211.

nachgewiesen – und werden nur noch von den Herstellern der Spiele infrage gestellt. Und sie sind teilweise unabhängig von anderen Eigenschaften wie emotionaler Gesundheit oder Intelligenz. Videospiele, in denen das Töten zum Spaß wird, haben auf jeden Spieler einen Einfluss. Das Mitgefühl mit Opfern und die Hemmschwelle zur Gewalt ändern sich. Dass die US-Armee Spiele mit sehr realistischen Gewaltszenarien zur Rekrutierung von Soldaten verteilt, ist effektiv. »Americas Army«, ein Ego-Shooter-Spiel[4] ähnlich »Counterstrike«, wird online mit Mannschaften gespielt. Die eigene Mannschaft ist immer die »Antiterroreinheit«, die Gegner sind immer »Terroristen«. Das Militär speichert die Daten und E-Mail-Adressen und kann dann Kontakt zu potenziellen Rekruten bekommen.

Dass der Übergang vom virtuellen Spiel zur realen Brutalität fließend ist, ist inzwischen keine Frage mehr. Frühe Studien (ca. 1980) fanden geringe Zusammenhänge; je neuer die Studien sind, desto eindeutiger kann die Effektstärke nachgewiesen werden. Das liegt unter anderem daran, dass es mehr Spieler gibt, die langjährige Gewohnheiten haben; aber auch daran, dass die Spiele immer realitätsnäher werden. Auch Kinder, die nicht zu Feindseligkeiten neigen, werden durch Computer- und Videospiele zu körperlicher Aggressivität verleitet und zeigen dann häufiger Handgreiflichkeiten. Das bedeutet, dass Kinder nicht diese

Der Übergang vom virtuellen Spiel zur realen Brutalität ist fließend.

4 »Ego-Shooter« sind Spiele, bei denen der Spieler selbst als eine Figur im Spiel dargestellt wird. Der Spieler bekommt das Szenario also immer aus der eigenen Perspektive auf den Bildschirm und sieht vor sich meistens die Mündung seiner Waffe. Ego-Shooter sind besonders »gute« Aggressionstrainings.

Spiele mögen, wenn und weil sie aggressiv sind, sondern dass sie sich aggressiv verhalten, weil sie spielen. Dabei gilt: je mehr, desto schlimmer.

Eine Untersuchung[5] zeigt, dass Schüler mit geringen Spielgewohnheiten zu ca. 15 % gewalttätig waren, mit durchschnittlichem Gewaltspielverhalten um die 40 % und mit hohem Gewaltspielverhalten zu fast 60 % gewalttätig wurden.

Aber selbst wenn man diese Effekte ignorieren würde, sind aggressive Spiele schädlich für den Spieler. Sie erzeugen ein erhöhtes Erregungsniveau mit gesteigertem Blutdruck und Puls, erhöhten Werten der Stresshormone Noradrenalin und dem Sexualhormon Testosteron. Diese körpereigenen Hormone unterliegen einer Gewöhnung (ebenso wie externe Substanzen, z. B. Alkohol) und können daher süchtig machen. Ohne den »Kick« wird alles fad und das reale Leben ist langweilig. Viele Studien zeigen, dass die Fähigkeit zum Genuss durch ständige Erregung nachhaltig gestört wird. Diese sogenannte »Anhedonie«, eigentlich ein Symptom der Depression, ist unter Jugendlichen in der westlichen Welt epidemisch gestiegen. Dabei spielen Medienkonsum und ständig erhöhte Erregung die zentrale Rolle.

Es gibt unter ernsthaften Wissenschaftlern kaum mehr Gegenstimmen: Wenn die Videospielenthusiasten noch so standfest behaupten, das Spiel habe keine Auswirkungen auf sie – sie irren sich. Die Beschäftigung mit virtueller Gewalt hat einen ungewollten automatischen Einfluss auf das gesamte emotionale System und Beziehungsverhalten.

5 Gentile, 2004, in: Spitzer, Vorsicht Bildschirm, Stuttgart 2005; S. 224.

Schlechte Voraussetzung für guten Sex: Pornografie

Ähnlich wie bei Gewaltspielen führt regelmäßiger Konsum von Pornografie zu Veränderungen in den automatischen Reaktionen. Sexuelle Fantasie, Erregung und Stimmung sind autonome Reaktionen, die sich über bewusste Gedanken, Werte und innere Einstellung nur sehr begrenzt kontrollieren lassen. Hormone (wie Dopamin, Endorphine und Adrenalin) werden in hohem Maß angeregt und verlieren dadurch teilweise ihre Wirkung. Es kommt also zu einer Abstumpfung natürlicher sexueller Reaktionen.

Der Konsum pornografischer Darstellungen führt zu einer Abstumpfung natürlicher sexueller Reaktionen.

Besonders deutlich wird das bei der Veränderung der sogenannten »Love Map«. Um eine Liebesbeziehung ein Leben lang sexuell erregend zu erleben, muss eine Vielzahl erotischer Reize zur Verfügung stehen. Erotische Bewegung und Kommunikation, der Klang der Stimme, Mimik und Gesten (wie z.B. die Art, das Haar zur Seite zu streichen), ein angenehmer Körpergeruch, der Kontakt mit Körperflüssigkeiten und sexuell erregte Atemgeräusche sind nur einige der Beispiele. Je mehr Pornografie ein Junge konsumiert, desto mehr reduziert sich die »Love Map« auf Brüste und Scheide. Die Fokussierung auf diese Körperteile wird ja auch durch Pornografie ständig trainiert. Der Effekt auf das Kopfkino und die Erregungsmuster kann verheerend sein. Egozentrische Fantasien verdrängen einfühlsame Sinnlichkeit. Der Höhepunkt steht immer mehr im Vordergrund und nicht der zärtliche Weg dorthin. Sterile Sexualität und Gefühlsarmut sind oft die Folge. Vorstellungen können extrem realitätsfremd sein und eine leistungsorientierte Sexualität erzeugen. Da die eigentlichen Liebesbedürfnisse durch Pornografie aber nie befriedigt, sondern nur mit einem sexuellen Kick überdröhnt werden, ist die eigentliche Sehnsucht nach Liebe nach wie vor unbefriedigt. Diese Liebessehnsucht führt den Betroffenen aber immer automatischer zur gesteigerten sexuellen Bedürftigkeit, was dann wiederum zum Konsum und begleitender Masturbation führt, und das bleibt emotional hohl. So entsteht ein Teufelskreis.

Da Pornografie vor allem dafür gemacht wird, unreife männliche Fantasien zu bedienen, sind frauenverachtende Inhalte selbstverständlich. Beziehungsungebundene Sexualität, oft macht- und gewaltbetont, viele Partnerinnen und das Ausleben eher animalischer Instinkte sind bei Pornos die Norm. Einfühlsame, zärtliche und liebevolle Intimität kommt nicht vor. »Porno ist die Theorie, Vergewaltigung die Praxis« – so beschreibt Dr. Andreas Hill (Institut für Sexualforschung und Forensische Psychiatrie am Universitätsklinikum Hamburg-Eppendorf) den Zusammenhang kurz, aber zutreffend.[6]

Wenn Eltern glauben, ihre Söhne seien nicht direkt und ihre Töchter nicht zumindest indirekt betroffen, sind sie naiv.

Pornos sind im Internet jederzeit abrufbar, sie kosten nichts und können auch auf passwortgeschützten Handys konsumiert werden. Der Klick auf den »Ich-bin-über-18«-Button ist die einzige zu überwindende Schwelle. Wenn Eltern glauben, ihre Söhne seien nicht direkt und ihre Töchter nicht zumindest indirekt betroffen, sind sie naiv. Es gibt in der westlichen Welt

6 Vortrag bei einer Tagung des »Weißes Kreuz e.V.« in Kassel.

kein pornofreies Milieu mehr. Umso wichtiger ist es, mit Teenagern offen, informativ und einfühlsam ins Gespräch zu kommen. Beschämung und ein ständig schlechtes Gewissen sind hier wenig hilfreich.

Fazit: In der sexuell prägenden Entwicklung der Teenager spielt der Konsum kommerzieller Sexprodukte eine zunehmend größere Rolle, mit den Folgen häufiger sexueller Süchtigkeit oder ihrem Gegenteil, sexueller Unlust. Verbote und durchgehende Kontrolle sind nur teilweise sinnvoll bzw. möglich. Im Elternhaus, in der christlichen Jugendarbeit wie in der Schule darf weder beschämt noch verharmlost werden. Dabei ist wichtig, dass Erzieher verstehen, dass ein gesundes Lustempfinden und geile Lüsternheit sich gegenseitig ausschließen. D.h., eine pornografiebedingt zunehmend zwanghafte Sexualität ist für den Betroffenen notvoll. Jugendliche haben oft einen hohen Leidensdruck an dieser Stelle und müssen in der Regel nicht mit Moralappellen gewonnen werden.

Tipps für den Alltag

Gute Mediengewohnheiten beginnen lange vor der Teenagerzeit – wer in der Kindheit wenig Kompetenz erworben hat, wird es als Teenager nicht leicht haben. Daher:

- Fangen Sie mit kleineren Kindern an, das persönliche Fernseh- und Computerprogramm zu planen und gemeinsam zu gestalten.
- Den Fernseher anmachen, um zu sehen, was gerade kommt, ist definitiv »out«. Ob der Fernseher angemacht wird, sollte durch das gedruckte Fernsehprogramm entschieden werden.
- Fernsehgeräte und Computer gehören nicht ins Kinder- oder Jugendzimmer.
- Erwachsene sind wichtige Vorbilder im Umgang mit Medien und ihr Medienverhalten ist das Maß, an dem Kinder sich messen lassen.
- Machen Sie klare Regeln um die Nutzung des Computers. Verbieten Sie jegliche Gewaltspiele und das Aufrufen von Erotikseiten in aller Klarheit. Freiheiten nachträglich einzuschränken ist schwierig und geht gegen die natürliche Entwicklung des Teenagers, der zunehmend größere Freiheiten erwartet.
- Schränken Sie die Zeit am Bildschirm ein (je nach Alter für einen Teenie etwa 1–2 Stunden pro Tag oder weniger). Machen Sie Internetnutzung ggf. abhängig von anderen Tätigkeiten wie dem Besuch im Sportverein oder dem Üben eines Musikinstrumentes, Zeit mit Freunden (ohne Medienkonsum) usw.
- Man kann eine sinnvolle Einschränkung des Fernsehkonsums erreichen, indem man sich auf die inzwischen

überall verfügbaren DVB-T-Empfangsanlagen beschränkt, die über eine Antenne nur eine relativ geringe Zahl von Sendern empfangen, und auf Kabel- oder Satellitenanlagen verzichtet. Das bedeutet natürlich auch für die Eltern einen gewissen Verzicht, der aber nicht die Qualität ihrer Abende schmälern dürfte.

- Machen Sie Ihre eigene reale Welt – und die des Kindes – mindestens so interessant wie die virtuelle. Ein Wochenende in einer Berghütte oder ein Lagerfeuer, Musik selbst machen oder live erleben, Sport, Fahrradausflüge usw. – was die Eltern nicht selbst machen, kann man von Kindern nicht erwarten.
- Lernen Sie den Computer gut genug kennen, um gelegentlich überprüfen zu können, was Ihre Kinder damit so treiben.

Gute Mediengewohnheiten beginnen lange vor der Teenagerzeit.

  Bestehen Sie von Anfang an darauf, dass Medien kein »regelfreier Raum« sind. Auch die PIN-Nummern von Handys und Passwörter von Laptops sind für Eltern minderjähriger Kinder nicht geheim zu halten.
- Vermitteln Sie Ihren Kindern Sicherheitsregeln im Umgang mit dem Internet. Fotos und Identitäten sind unbedingt zu schützen. Informationen, die auf Facebook oder Schüler-VZ öffentlich gemacht werden, kann man nie wieder zurückholen. Mobbing mit diesen Medien ist eine reale Gefahr.
- Lassen Sie sich darauf ein, dass Ihr Kind Ihren Grenzen auch Widerstand bietet. Das ist Teil der jugendlichen Entwicklung und weder ungesund noch unbedingt respektlos. Es ist auch für Eltern oft richtig nachzugeben und einzulenken. Kein Elternteil ist immer konsequent; und das ist auch gut so. Aber ohne gelegentliche Konfrontation geht es in der Regel auch nicht – wenn nötig, auch engagiert.

In der Teenagerzeit machen Jugendliche den Schritt vom behüteten Umfeld der Familie in die Offenheit der »großen weiten Welt«. Damit das gelingt, muss das Kind einen Zweifrontenkrieg durchfechten: Einerseits muss es sich aus der Umarmung der Familie lösen und dort gegen die Enge kämpfen. Andererseits erleben Jugendliche in der Gesellschaft kaum Möglichkeiten, konstruktiv etwas zu verändern, und müssen sich daher dagegen wehren, von dieser Gesellschaft vereinnahmt zu werden. Oft genug gelingt ihnen das nicht.

10. GESELLSCHAFT – UMWELT – ZUKUNFTSÄNGSTE

»Ob ich im nächsten Jahr eine Lehrstelle bekomme, entscheiden die Bürokraten in Brüssel und Straßburg. Deren Entscheidung hängt wiederum vom Dollarkurs ab sowie den Ölpreisen. Und wenn ich Glück habe, startet unsere Regierung ein paar Programme. Übernächstes Jahr wird ja wieder gewählt.« Der 14-jährige Sascha fragt sich, warum er eigentlich versucht hat, gute Noten zu bekommen. In den Medien begegnen ihm Klimakatastrophen, Umweltzerstörung und gewalttätige Auseinandersetzungen, in denen die Mächtigen der Welt ihre Machtposition zu festigen suchen. Auf die Frage, ob er denn auch schon einmal erlebt habe, dass sich ein politisches Engagement lohnen könne, sagt er achselzuckend: »Uns ist es ja nicht einmal gelungen, bei der Schule durchzukriegen, dass es einen Pausenraum gibt, in dem wir die Mittagszeit verbringen können.«

Null Bock – warum auch?

Im Vergleich zu den Jugendlichen der 60er- und 70er-Jahre erleben viele die heutige Generation als enorm angepasst, wenig initiativ und im Großen und Ganzen unpolitisch. Die Jugendlichen, die zum Jahrtausendbeginn von sich reden machen, sind eine Handvoll Rechtsradikaler – und die sind nicht wirklich politisch motiviert, sondern in der Regel familiär gestört, aggressiv und destruktiv.

Eltern, die in nostalgischen Erinnerungen an ihre eigene Beteiligung an Sitzstreiks wegen Fahrpreiserhöhungen der örtlichen Verkehrsbetriebe zurückdenken, sind schnell bereit, der heutigen Jugend zu bescheinigen, dass sie desinteressiert, unpolitisch und egoistisch sei. Es stellt sich die Frage, warum Jugendliche heute scheinbar mehr Interesse an Markenkleidung zeigen als an Fragen des Umweltschutzes, der sozialen Gerechtigkeit oder des Weltfriedens. Es kann nicht an der Jugend liegen. Die Gesellschaft hat sich verändert. Dabei spielt nicht nur die zunehmende Kommerzialisierung und die enorme wirtschaftliche Kaufkraft der Teenager eine wesentliche Rolle, sondern die meisten Jugendlichen erleben ihre heutige Welt und Gesellschaft als unveränderbar. Sie fühlen sich hilflos ausgeliefert und sehen kaum Möglichkeiten, sich selbst konstruktiv in den Prozess gesellschaftlicher Veränderungen einzubringen.

In gewisser Weise ist das tragisch. Denn in der Adoleszenz ist eine der herausragenden Aufgaben seelischer Entwicklung die Herausforderung, ein selbstgesteuerter, handlungsfähiger und durch eigene Überzeugungen motivierter Mensch zu werden. Im Gegensatz zu dieser Aufgabenstellung scheint unsere Gesellschaft in erster Linie daran interessiert, Jugendliche zu guten Konsumenten zu erziehen. Jugendliche erleben kaum Möglichkeiten, Einfluss auf die Erwachsenenwelt zu nehmen.

Die meisten Jugendlichen erleben ihre heutige Welt und Gesellschaft als unveränderbar.

Feiern, Rituale, Zugang zur Erwachsenenwelt

In fast allen Kulturen gibt es irgendeine Form, in der der Schritt ins Erwachsenenalter offiziell vollzogen wird. Jüdische Jungen in der ganzen Welt erleben mit Dreizehn ihre Bar-Mizwa und können dann sagen: »Heute bin ich ein Mann.« Von diesem Tag an können sie an den Aktivitäten der religiösen Gemeinschaft der Erwachsenen teilnehmen. In afrikanischen Gesellschaften oder bei den Ureinwohnern in Australien gibt es zum Teil wochenlange rituelle Feiern, die den Übergang vom Kindes- zum Erwachsenenalter markieren und die dem jungen Menschen deutlich machen, dass er nun die Rechte und die Verantwortung eines Erwachsenen in der Gesellschaft wahrnehmen darf und muss.

In unserer Gesellschaft sind diese Erlebnisse reduziert auf den Abschlussball nach der Tanzstunde. Manch einer inszeniert die alte DDR-Jugendweihe als Privatveranstaltung. Andere reduzieren diese Ereignisse auf Konfirmation sowie auf die Notwendigkeit, bei Zoobesuchen oder Flugreisen den Erwachsenenpreis zu bezahlen. Es gibt in unserer Gesellschaft so gut wie keine Signale, dass das Mithandeln und Mitdenken Jugendlicher in der Gesellschaft in irgendeiner Weise gewürdigt oder gewünscht sein könnte.

Auch in Kirchen und religiösen Gemeinschaften ist das häufig nicht anders. Jugendliche können in ihrem Jugendkreis zwar in der Regel machen, was sie wollen, und gestalten vielleicht auch mal einen Jugendgottesdienst, aber gewählte Teenagervertreter im Kirchengemeinderat oder andere Formen, Jugendliche als Teil der Gemeinschaft ernst zu nehmen, sind extrem selten.

Es gibt in unserer Gesellschaft so gut wie keine Signale, dass das Mithandeln und Mitdenken Jugendlicher in der Gesellschaft in irgendeiner Weise gewürdigt oder gewünscht sein könnte.

Kein Wunder also, wenn ein großer Teil der heutigen Jugendlichen den Eindruck hat, dass sein Engagement in der Gesellschaft wenig sinnvoll ist und er dementsprechend aus seinem Leben so viel Spaß herausholen muss wie irgend möglich. Das heißt natürlich nicht, dass er in dem Gefühl, hilflos ausgeliefert zu sein, nicht enorme Zukunftsängste erlebt. So ist z. B. bei vielen Teenagersuiziden einer der Hintergründe, dass die verzweifelten Jugendlichen für sich selber keine Möglichkeit mehr sehen, in der Gesellschaft, Berufswelt und Umwelt eine Rolle zu finden, in der sie ihre eigene Persönlichkeit entwickeln können.

Hilflosigkeit und Depression

Wenn man in die psychologischen Forschungen zum Thema Depression schaut, begegnet einem ein sehr zentrales Konzept: die sogenannte Kontrollüberzeugung. Damit ist die Frage gemeint, inwieweit eine einzelne Person die Erfolge und Misserfolge im eigenen Leben mit den Möglichkeiten des eigenen Handelns in Beziehung bringt. Diese Kontrollüberzeugung kann mehr oder weniger intern bzw. extern sein. Mit einer internen Kontrollüberzeugung ist gemeint, dass ein Mensch sein eigenes Handeln im Großen und Ganzen als die Ursache der eigenen Lebenswirklichkeit wahrnimmt, während ein »extern kontrollüberzeugter« Mensch wenig Einfluss auf sein Leben zu haben glaubt und sich von Umständen und Personen außerhalb seines Einflussbereiches bestimmt fühlt. Wenn also ein Jugendlicher z. B. eine schlechte Mathematikarbeit geschrieben hat, kann er sich diesen Misserfolg intern erklären, indem er z. B. sagt: Ich habe am Abend vor der Arbeit zu lange Fernsehen geschaut (das kann man beim nächsten Mal ändern). Oder er kann sich den Misserfolg extern kontrollüberzeugt erklären, indem er z.B. sagt: Ich bin einfach zu dumm für Mathe (und das kann ich nicht ändern).

In Untersuchungen zeigt sich, dass eine externe Kontrollüberzeugung in einem hohen Maß mit dem Gefühl des Ausgeliefertseins und der Hilflosigkeit verbunden ist. Das wiederum fördert seelische Störungen, insbesondere Depressionen und Ängste. Der Hintergrund der depressiven »Nullbockstimmung« scheint mir in dem Erleben der meisten Jugendlichen zu liegen: Du kannst ja doch nichts machen.

Das Leben aktiv gestalten

Auch in manchen christlichen Gemeinden wird diese krank machende, externe Kontrollüberzeugung eher gefördert und sogar religiös untermauert. Die zentrale Botschaft an Jugendliche lautet dann nicht: Du bist von Gott geschaffen und hast Möglichkeiten, dein Leben und das deiner Umwelt kreativ mitzugestalten! Sondern: Gott hat einen Plan für dein Leben – finde ihn irgendwie heraus. Und wehe du lebst nicht so, wie er es dir vorgibt, dann geht's dir schlecht.

Den Jugendlichen wird häufig vermittelt: Was du tun kannst, ist höchstens ein Tropfen auf den heißen Stein.

Selbstverständlich glauben Christen, dass ihr Leben in der Hand Gottes geborgen ist. Aber wenn sie einen biblisch orientierten Glauben haben, glauben sie auch an die Schöpfung und an einen Schöpfer, der den Menschen wunderbar geschaffen hat. Viele Jugendliche sehnen sich nach dieser Botschaft. Sie erleben z.B. die gleiche Hilflosigkeit, die sie in Bezug auf Gesellschaft, Umwelt und Politik empfinden, auch in ihren persönlichen Beziehungen. Es scheint ihnen z.B. schier unmöglich, so etwas wie eine überdauernde Lebensbeziehung mit einem Ehepartner zu entwickeln. – Auch hier begegnet uns ganz überdurchschnittlich häufig eine externe Kontrollüberzeugung. Jugendliche glauben an die große Liebe, oder daran, »dass die Chemie stimmt«, und hoffen, dass es ihnen irgendwie gelingt, den Glückstreffer zu landen. Ein guter Ehepartner ist dabei so etwas wie ein Gewinn im Lotto. Man kann nichts dafür, und wenn's nicht klappt: Pech gehabt. Dass das Gelingen einer guten Ehe aber in erster Linie davon abhängt, wie man die Beziehung miteinander gestaltet, ob man die soziale Kompetenz für solche Beziehungen hat bzw. die Bereitschaft diese zu erwerben, ob man in der Lage ist, Verzicht zu üben, kompromissbereit, zuverlässig und treu zu sein, ist den meisten nicht bewusst.

Die Gesellschaft, die Umwelt, die Politik und auch die Kirche vermitteln also den heutigen Jugendlichen durch Medien und persönliche Erfahrung: Die Welt ist kompliziert und sie ist unveränderbar. Was du tun kannst, ist höchstens ein Tropfen auf den heißen Stein. Alles nimmt seinen Lauf, egal wie sich der Einzelne einbringt, und wir wünschen dir für deinen Lebensweg viel Glück ...

Es wäre gut, wenn wir als Eltern und Erzieher oder als Mitarbeiter in der christlichen Jugendarbeit hier ein deutliches Gegengewicht setzen würden: Als Christen sind wir (auch als Jugendliche) gefordert, unsere Rolle als Salz in der Suppe dieser Welt zu begreifen. Wenn

Teenager erleben, dass sie in ihrem kleinen Umfeld – Schule, Kirche und Freundeskreis – kaum Einflussmöglichkeiten haben, fühlen sie sich für die große, weite Welt der Erwachsenen erst recht nicht gewappnet. Sie entwickeln Ängste, ziehen sich zurück und entwickeln ein depressives Lebensgefühl, in dem gute Gefühle nur vom Konsum der richtigen Erlebnisse erhofft werden. Natürlich ist uns, der älteren Generation, die Art und Weise, wie Jugendliche ihr Leben leben, nicht immer lieb oder vertraut. Wir müssen die Spannung aushalten, sie Fehler machen zu lassen, und doch gleichzeitig das Vertrauen haben, dass auch sie ihr Leben meistern werden.

Unsere Kinder werden den Dollarkurs und die Rohölpreise, von denen ihre Chancen am Arbeitsmarkt abhängen mögen, nicht verändern. Aber ob sie in ihrer Welt erfolgreich und glücklich sein werden, hängt eben nicht in erster Linie von diesen unkontrollierbaren, äußeren Faktoren ab, sondern wie sie selber mit den Herausforderungen ihrer Welt umgehen. Die Frage könnte also lauten: Wie begegne ich den Chancen, die ich auf dem Arbeitsmarkt habe, und was kann ich tun, um in dieser Welt einen Platz zu finden bzw. zu schaffen, der mir gehört?

In der schwäbischen Familie, in der Jenny aufwächst, gilt die Regel, dass man grundsätzlich die Schuhe auszieht, wenn man von der Straße hereinkommt. Alexander aus dem Ruhrgebiet kennt solche Regeln nicht. Dafür ist es für ihn selbstverständlich, dass tagsüber die Heizung abgedreht wird und man die Fenster nicht auf Kippe lässt, sondern zweimal täglich kurz, aber gründlich lüftet. Mareike wohnt in Hamburg, und auch sie weiß, was die Regeln der Familie sind, und kann sehr genau sagen, welche Filme und welche Programme zu welchen Uhrzeiten im Fernsehen gesehen werden dürfen. So sehen Moral und Ethik zu Beginn der Teenagerzeit aus: Richtiges Verhalten heißt, sich an die Regeln zu halten. Regeln brechen ist böse. Das ändert sich ...

11. WERTE – ETHIK – NORMEN – MORAL: VOM FAMILIENGESETZ ZUM UNIVERSALEN PRINZIP

Vielen Eltern bereitet es große Sorge, wenn sie merken, dass ihre Teenager sich an die vereinbarten Familienregeln nicht mehr so recht halten wollen. Wenn die Eltern Regeln aufstellen und Entscheidungen verkünden, kommt immer häufiger die Frage: »Warum?« oder die Antwort: »Das sehe ich gar nicht ein!« Die moralischen Vorstellungen definieren das, was wir gut und böse finden, und sie ändern sich im Laufe der Adoleszenz erheblich. Das Bedürfnis, selber zu entscheiden, was richtig und was falsch ist, wächst, und die Bereitschaft, moralische Vorstellungen von Erwachsenen kritiklos zu übernehmen, lässt deutlich nach.

Was du ererbt von deinen Vätern hast, erwirb es, um es zu besitzen (Goethe, »Faust«)

Es ist einsichtig, dass kein Mensch zu eigenen Überzeugungen kommen kann, wenn er nie die Möglichkeit gehabt hat, die Überzeugungen anderer infrage zu stellen. Während in der Kindheit das gute oder schlechte Gewissen durch die Moral der Eltern und der Familie definiert wird, entwickelt sich während der Teenagerzeit ein Gewissen, das sich nicht mehr an Regeln orientiert, sondern zunehmend an allgemeinen Prinzipien. Diese Prinzipien müssen für den Teenager plausibel und nachvollziehbar sein. Das heißt nicht, dass Ethik, Werte und Normen von Teenagern nicht auch durch die Einstellungen und Werte der Eltern wesentlich beeinflusst würden – im Gegenteil –,

Kein Mensch kann zu eigenen Überzeugungen kommen, wenn er nie die Möglichkeit gehabt hat, die Überzeugungen anderer infrage zu stellen.

sondern dass diese Werte nicht mehr einfach vorgegeben werden können, sondern durch feste Überzeugungen gestützt sein müssen.

Grundlage der veränderten Moralität des Teenagers ist die entwickelte Fähigkeit zu denken. Teenager sind in der Lage, unterschiedliche alternative Erklärungen für ein Phänomen zu entwickeln. Sie können darüber nachdenken, wie etwas wäre, wenn es anders wäre, als es ist. Sie können mit abstrakten Symbolen umgehen, das heißt, dass sie Begriffe inhaltlich füllen können, die nicht mit einer konkreten eigenen Erfahrung verbunden sind (z.B. »globale Gerechtigkeit« oder »Verfolgung« oder »Verantwortung für die Zukunft«). Teenager haben eine Riesenfreude daran, logisch zu folgern, und sie finden heraus, dass bei weitem nicht alles in ihrer Welt logisch geordnet ist. Kindliche Überzeugungen, z.B. dass Gott gut ist oder dass die Eltern immer das Beste wollen, werden infrage gestellt und können durch Logik und rationale Argumente nicht wieder aufgebaut werden.

Wenn Teenager mit den moralischen Entscheidungen Erwachsener konfrontiert werden, fordern sie eine Erklärung für diese Entscheidungen, auch wenn sie von sich selber und ihren Freunden diese Tugenden abverlangen. Es ist unwahrscheinlich, dass sie eine Erklärung ohne Fragen und ohne Diskussion annehmen, und es ist sehr wahrscheinlich, dass sie religiöse und gesellschaftliche Werte infrage stellen.

Die Welt sollte anders sein

Das neu entwickelte Interesse an theoretischen Gedanken führt den Teenager dazu, ideale Welten zu konstruieren, mit idealen Familien, Gesellschaften und Religionen. Mit der neuen Möglichkeit, abstrakt zu denken, können Teenager über ihre eigene persönliche Erfahrung und ihre Gegenwart gedanklich hinausgehen und Ideen, Ideale, Rollen, Glaubensüberzeugungen und Theorien neu überdenken. Sie beginnen zu sehen, dass es Alternativen gibt und dass die Dinge nicht so sein müssen, wie sie sind, und sie suchen nach Möglichkeiten, menschliches Leid, Armut, soziale Ungerechtigkeit usw. zu beenden. Utopische Lösungen für die Probleme dieser Welt finden ihre neuen Anhänger in der Regel bei Teenagern. Neue Lebensformen, neue Religionen und auch der christliche Glaube appellieren in besonderer Weise an Jugendliche, und die Untersuchungen christlicher Kirchen zeigen, dass Menschen, die ihrer Kirche innerlich verbunden sind, sich zum weitaus größten Teil während ihrer Teenagerzeit dafür entschieden haben.

Teenager sind also auf eine gewisse Weise extrem idealistisch. Und sie stellen ihre Ideale langsam, aber sicher vor die Werte der Familie. Die Faszination der »großen Ideen« und die gleichzeitige Abneigung gegen konkrete Regeln, die ihre Kindheit bestimmt haben, mag dazu führen, dass ein Teenager sich zwar über die Ölgesellschaft, die Tankerunglücke riskiert, furchtbar ärgert, aber gleichzeitig ohne Probleme eine Viertelstunde warm duscht

Teenager sind also auf eine gewisse Weise extrem idealistisch. Und sie stellen ihre Ideale langsam, aber sicher vor die Werte der Familie.

(und dabei eben jenes Öl verschwendet). Teenager sind in der Lage, kleinere Untugenden ihrer Eltern, die diese harmlos finden, als eine schwere Übertretung moralischer Prinzipien zu bewerten, und sie sind hochgradig sensibel dafür, dass Eltern Dinge tun, die ihren eigenen ethischen Prinzipien widersprechen. Teenager rebellieren gegen diese Art von Heuchelei und stellen die sozialen Strukturen, die das zulassen, grundsätzlich infrage. Natürlich sind sie andererseits nicht in der Lage, die Lösungen, die sie selber in Gedanken entwickeln, in die Praxis umzusetzen.

In dem Maße, in dem sie die Verantwortung Erwachsener und ihre Rolle übernehmen, wie z.B. durch den Einstieg ins Berufsleben vorgegeben wird, werden diese idealisierten Strukturen modifiziert und den real existierenden Bedingungen angepasst. Die Last der Welt sorgt leider dafür, dass zu viele Jugendträume nie gelebt werden, dass der Mut zur Veränderung der Anpassung an die Gegebenheiten weicht, oder dass die Erfahrung der Realität auf andere Weise zur Resignation führt.

Oft ist es der Einstieg ins Berufsleben, der die Höhenflüge beendet und zu einer mehr oder minder sanften Landung in der Wirklichkeit führt. Eine Moralität, die sich in erster Linie durch Recht und Ordnung definiert, kann die Konflikte, die der Teenager jetzt wahrnimmt, nicht mehr lösen. Er erkennt, dass Regeln benutzt werden können, um individuelle Rechte zu verletzen. Moralische Werte und Prinzipien können also nicht mehr durch die Autorität einzelner Gruppen oder Personen definiert werden. Der Teenager begreift, dass er selber für sein Gewissen verantwortlich ist, unabhängig von gesellschaftlichem Druck und Erwartungen.

Ja, aber ... Differenzierte moralische Urteile

So kann ein Teenager nachvollziehen, dass es unter bestimmten Umständen richtig ist, das Gesetz zu brechen, oder dass es böse sein kann, seine »Pflicht« zu tun. Ein Teenager wird in der Regel auch ein Verständnis dafür entwickeln, dass es manchmal notwendig ist, die Wahl zwischen einem kleineren und einem größeren Übel zu treffen, und viele kommen zu der Überzeugung, dass es universale moralische Prinzipien gibt, die für alle Menschen in gleicher Weise gelten. Diese Entwicklung ist bis zum 16. Lebensjahr typischerweise nicht abgeschlossen und es gibt auch eine gewisse Anzahl von Erwachsenen, die zu einer solch entwickelten Moralität nie gelangen, sondern die ihr Leben lang die Frage nach Gut und Böse mit dem Einhalten von Regeln beantworten. Oft sind es solche Erwachsene, die mit der Moral von Jugendlichen enorme Probleme haben. Viele sind selbst in sehr autoritären Strukturen aufgewachsen und konnten während ihrer eigenen Teenagerzeit die Regeln und Normen ihrer Herkunftsfamilie nicht ungestraft infrage stellen. Sie erleben das Hinterfragen sozialer und religiöser Normen als unmoralisch und schlecht. Dabei findet in der Regel die Suche nach persönlichen und glaubwürdigen Überzeugungen so statt, dass bisherige Überzeugungen angezweifelt werden.

Im Prinzip schon ...

Wie bereits gesagt, sind Teenager durchaus an dem interessiert, was Erwachsene denken, insbesondere wenn diese Erwachsenen vertrauensvoll wirken. Nur möchten sie sich nicht sagen lassen, was zu tun und zu lassen ist, sondern erwarten, dass Regeln und Ordnungen einen Bezug zu allgemeinen Prinzipien haben. Die meisten Teenager können sehr gut nachvollziehen, dass Treue, Vertrauen und Verbindlichkeit in Beziehungen hohe Werte sind. Wenn die Bezüge zu diesen Werten hergestellt werden, sehen die meisten Teenager durchaus ein, dass Verhaltensweisen, die diese Werte infrage stellen, schlecht sind, also z. B. auch sexuelle Untreue. Nur reicht es nicht mehr aus, Regeln und Verbote zu erlassen, ohne den Heranwachsenden davon zu überzeugen, dass diese Regeln und Verbote einem wertvollen moralischen Prinzip dienen.

Teenager sind durchaus an dem interessiert, was Erwachsene denken, insbesondere wenn diese Erwachsenen vertrauensvoll wirken.

Auf dem Weg in ein eigenes, von den Eltern unabhängiges Leben sind Jugendliche auf der Suche nach Weltanschauungen und Ideologien, die die Regeln und Ordnungen ihres Elternhauses ersetzen können. Da viele Teenager noch relativ stark einem Schwarz-Weiß-Denken verhaftet sind, kommt es häufiger vor, dass sie besonders von Ideologien angezogen werden, die zwar den Werten und Normen des Elternhauses widersprechen, aber mindestens so autoritär und oft auch sehr primitiv sind. Es kann also durchaus sein, dass Teenager besonders starre und unflexible Wertesysteme übernehmen und erst nach und nach, mit wachsendem Selbstvertrauen, diese starren Systeme durch differenziertere Sichtweisen ersetzen.

Gute Ordnungen haben Gründe

Der Versuch besorgter Eltern, Erzieher, Pfarrer, Jugendleiter usw., eine Konformität zu Regeln und Ordnungen durch moralischen Druck zu erzeugen, ist heute prinzipiell zum Scheitern verurteilt. Man mag diesen Umstand bedauern oder feiern, aber weder das eine noch das andere ändert etwas daran, dass in unserer heutigen Gesellschaft nur noch ein minimaler Konsens über moralische Fragen besteht und daher die autoritäre Verordnung einer bestimmten Moral keinerlei Grundlage mehr besitzt. In der Auseinandersetzung mit Heranwachsenden fällt den Erwachsenen häufig auf, dass sie selber an bestimmten Überzeugungen aus einer Art Gehorsam festhalten, ohne dafür stichhaltige Gründe nennen zu können.

Bei manchen Christen besteht mehr oder weniger unterschwellig die Einstellung, dass ein moralisches Leben und das Einhalten von Tugenden zwar das Leben schwieriger machen, aber in einer jenseitigen Welt von Vorteil sind. Mit anderen Worten: Sie glauben, dass, wer Gott gehorcht, im Leben leidet und im Himmel gewinnt. Diese Einstellung widerspricht prinzipiell der eindeutigen Aussage des Evangeliums, dass man sich für den Himmel gar nichts verdienen kann, sondern dass die Versöhnung mit Gott ein Geschenk ist, das Gott selbst in seiner Gnade den Menschen zukommen lässt.

Wenn also Christen versuchen, ein Leben nach biblischen Maßstäben zu führen, dann sollten sie es deswegen tun, weil sie ihrem Schöpfergott vertrauen und überzeugt sind, dass Gott ihnen ein gutes Leben gönnt. Biblische Ordnungen dienen nicht moralischer Überlegenheit, sondern sie dienen dem Menschen in seinem

Biblische Ordnungen dienen nicht moralischer Überlegenheit, sondern dem Menschen in seinem Zusammenleben mit anderen Menschen und in seinem Verhältnis zu Gott.

Zusammenleben mit anderen Menschen und in seinem Verhältnis zu Gott.

Wenn unsere Kinder uns mit der Frage »Warum?« dazu bringen, diese Zusammenhänge neu zu durchdenken, tun sie uns einen großen Gefallen, und es könnte sein, dass sie uns helfen, dass auch unser Glaube nicht von Unterwürfigkeit und Kadavergehorsam bestimmt wird, sondern durch die Liebesbeziehung und das Vertrauen zu einem Gott, der es gut meint.

Die Zeiten, in denen Manuela und Niklas sich fein anzogen und brav zum Kindergottesdienst gingen, sind endgültig vorbei. Selbstverständlich gibt es viele Teenager, die mehr oder weniger widerwillig den religiösen Regeln ihres Elternhauses folgen und sonntags in die Kirche gehen. Doch die Wahrscheinlichkeit, dass christliches Engagement und religiöse Tradition zu einem persönlichen und in der Beziehung zu Jesus Christus verwurzelten Glauben werden, wird dadurch nicht größer. Dennoch kein Grund für Pessimismus: Gemeinde hat Jugendlichen auch heute viel zu bieten. Gott ist nach wie vor an allen Menschen interessiert, und auch die neuen Generationen werden das Bedürfnis haben, ihrem Leben Sinn und Hoffnung zu geben.

12. GLAUBE – GOTT – GEMEINDE: FREIRAUM UND CHANCE

In fast allen Kirchen und Gemeinden kann man hören, dass die Jugendlichen von heute die Gemeinde von morgen seien. Wenn sich die Rolle Jugendlicher allerdings darauf beschränkt, Gemeinde von morgen zu sein, müssen wir uns nicht wundern, wenn sie heute nicht mehr in unseren Veranstaltungen erscheinen und an der Gemeinde nicht interessiert sind. Jugendliche und Kinder sind entweder die Gemeinde von heute, oder sie sind es gar nicht. Wenn die Anliegen Jugendlicher, ihre Themen, ihr Musikgeschmack und ihre Bedürfnisse im Gottesdienst nicht vorkommen, kommen sie nicht mehr zum Gottesdienst. Den traditionsbewussten und angepassten Jugendlichen, der im Rahmen eines gesellschaftlichen Konsens' an religiösen Aktivitäten teilnahm, gibt es praktisch nicht mehr, da dieser gesellschaftliche Konsens nicht mehr existiert. Das heißt durchaus nicht, dass Jugendliche nur noch bereit sind, sich im Rahmen einer Gemeinde zu engagieren, wenn jeder Gottesdienst ein Jugendgottesdienst ist. Aber sie sind nicht mehr bereit, aus Pflichtgefühl oder aus Angst vor Ablehnung in ein verbindliches Engagement zu treten.

Wie bereits im Kapitel 10 beschrieben, sind Jugendliche prinzipiell daran interessiert, über Lebensfragen, Werte und den Sinn ihres Lebens nachzudenken, zu reden und zu diskutieren. Außerdem brauchen sie Hilfe, die sie in ihrem Elternhaus vielleicht nicht bekommen. Es gibt wenig, was Jugendlichen wichtiger ist als gleichaltrige Freunde, und auch die finden sie in einer guten christlichen Jugendarbeit. Ob Zeltlager, Sommerfreizeiten oder Jungscharabende, für viele stellt die christliche Kirche ein ideales Betreuungsangebot dar, das Jugendliche in die Welt der Erwachsenen begleitet und gleichzeitig eine gewisse Freiheit vom Elternhaus ermöglicht.

Nebeneltern sind gefragt

Mitarbeiter und Mitarbeiterinnen in der christlichen Jugendarbeit sind häufig Brückenköpfe und Verbindungsglieder zwischen der Welt der Erwachsenen und der Welt der Jugendlichen. Sie gehören selber noch nicht zu den »Alten« und nehmen für sich auch nicht die Autorität des Elternhauses in Anspruch, sind aber in der Lage, die Aktivitäten der Jugendgruppen so zu strukturieren, dass ein notwendiges Quantum an Disziplin gegeben ist. Durch ein gerade richtiges Maß an Aufsicht tragen Jugendleiter und Leiterinnen dazu bei, dass eine relativ angstfreie Atmosphäre entsteht, in der die Jugendlichen nicht nur vor dem wachsamen Auge der Eltern geschützt sind, sondern auch vor sich selber.

Da die meisten Menschen ihren persönlichen Glauben während ihrer Teenagerjahre entwickeln, ist die Adoleszenz ein wirklich kritisches Alter, in dem in der Regel die Entscheidung für ein Leben mit oder ohne Gott fällt. Deshalb ist für viele christliche Gemeinden eine gute Jugendarbeit keine Nebensache, sondern zentrales Anliegen.

Die meisten Menschen entwickeln ihren persönlichen Glauben während ihrer Teenagerjahre.

Aus den Erfahrungen der Familien- und Jugendlichenpsychotherapie im Umfeld christlicher Gemeinden wird deutlich, dass christliche Jugendarbeit auch für einen überwiegenden Teil der Jugendlichen, die in seelischen Schwierigkeiten stecken, eine wertvolle Hilfestellung darstellt. In der Regel ist es so, dass auch schwierige Jugendliche in einer christlichen Jugendgruppe integriert werden können. Der Konkurrenz-kampf um soziale Attraktivität und Beliebtheit läuft im Rahmen eines christlichen Glaubensverständnisses nicht ganz so gnadenlos und unbarmherzig ab wie in anderen sozialen Bereichen. Jugendgruppen, die ein gewisses Maß an christlicher Orientierung haben, definieren Insider und Outsider weniger starr und lassen dem Einzelnen mehr Raum für individuelle Krisen- und Problembewältigung.

Zeitlos gut: die gute Nachricht

Die christliche Jugendarbeit, die in erster Linie durch moralischen Druck, Angstmache und autoritäre Strukturen funktionierte, ist glücklicherweise fast überall ein Ding der Vergangenheit. Vielleicht besteht sogar die Gefahr, dass das Pendel zu weit in die andere Richtung ausschlägt. Doch auch, wenn die heutige Jugendkultur sehr »spaßorientiert« ist, bedeutet das nicht, dass Jugendliche nicht nach Orientierung und nach Denkanstößen für ihr Leben suchen. Es geht darum, die ewige Wahrheit des Evangeliums, der Botschaft, dass Gott die Menschen liebt, durch immer neue Kanäle zu vermitteln, und missionarische Aktivität ist nur denkbar, wenn sie mit Lebenshilfe und praktischen Bezügen zum Alltag verknüpft wird. Wenn Sie als Eltern etwas für den Glauben Ihrer Teenagerkinder tun wollen, werden Sie häufig die Erfahrung machen, dass Ihnen selber die Hände gebunden sind, nicht aber den kreativen Mitarbeitern und Mitarbeiterinnen, die sich in der christlichen Jugendarbeit engagieren. Die gilt es deshalb zu fördern, und vielleicht können Sie mit dazu

Auch wenn die heutige Jugendkultur sehr »spaßorientiert« ist, bedeutet das nicht, dass Jugendliche nicht nach Orientierung und nach Denkanstößen für ihr Leben suchen.

beitragen, dass Ihre Gemeinde lernt, Jugendliche als einen wichtigen Teil der Gemeinde wahrzunehmen. Das beinhaltet nicht nur die Verpflichtung, ihnen Raum in Veranstaltungen zu geben, sondern auch die Erwartung, dass die Gemeinde von den Jugendlichen profitiert und durch sie Segen erfährt.

III. DIE BEZIEHUNG ZWISCHEN DEN GENERATIONEN GESTALTEN

»Wenn ich ins Wohnzimmer komme und mein Vater sitzt vor dem Fernseher, schaut er mich gleich blöd an. Ich muss überhaupt nichts tun und merke sofort, dass ich störe«, sagt Marcel im Rahmen eines seelsorgerlichen Familiengespräches und fährt fort: »Ist doch kein Wunder, dass ich so wenig wie möglich zu Hause bin und sehe, dass ich dem Alten aus dem Weg gehe.« Sein Vater sieht die ganze Sache anders: »Du bist nie zu Hause, und es gibt nie Zeit zum Gespräch. Fast immer kommst du später, als wir vereinbart haben. Aber wenn du etwas von mir willst, soll ich sofort für dich da sein, auch wenn gerade das Formel-1-Rennen läuft.« Beide haben sich gerade gesagt: Ich bin nur so, wie ich bin, weil du so bist, wie du bist. Sie sehen im anderen die Ursache für ihr eigenes Verhalten. Dass beide aber nicht nur reagieren, sondern auch ihrerseits Ursache für Reaktionen sind, nehmen sie nicht wahr.

13. ELTERN – KIND – FAMILIE: DYNAMIK UND DYNAMIT IN DEN BEZIEHUNGEN

Familien, Paare und viele andere Gruppen lassen sich nur verstehen, wenn man sie als Systeme begreift, in denen jedes einzelne Element auf jedes andere Element einwirkt und gleichzeitig auch von jedem anderen Element beeinflusst wird. Jedes Verhalten in einem solchen System ist also sowohl Wirkung als auch Ursache. In vieler Hinsicht sind die Mechanismen, die solche Beziehungssysteme regulieren, manchen technischen Systemen ähnlich, sodass sich diese als Vergleich eignen.

Nehmen Sie z.B. das Zusammenspiel von Thermostat und Heizung. Wenn dieses Zusammenspiel gut funktioniert, wird die Raumtemperatur in einem angenehmen Rahmen gehalten und schwankt vielleicht in der Größenordnung von plus/minus ein Grad. Wenn das System nicht ausreichend gut funktioniert, kann es sein, dass eine angenehme Raumtemperatur nie erreicht wird und dass die Temperatur mit großen Abweichungen mal zu warm und mal zu kalt ist.

Nähe und Distanz müssen also geregelt werden wie Kälte und Wärme in einem angenehm klimatisierten Raum.

Auch Familien und Beziehungssysteme sind darauf angewiesen, viele Eigenschaften in einem angenehmen Mittelmaß zu regeln, wobei sich die verschiedenen Elemente des Systems gegenseitig beeinflussen. Wenn die Raumtemperatur zu hoch ist, wird über den Thermostat geregelt, dass die Heizung nicht weiter arbeitet, wodurch die Temperatur langsam wieder sinkt, bis der Thermostat die Heizung wieder einschaltet und so weiter. Ähnlich ist es mit Nähe und Distanz in den familiären Beziehungen. Ist die Nähe zu groß, fehlt den einzelnen Mitgliedern des Systems der Freiraum zur Bewegung, sie fühlen sich vereinnahmt und fremdbestimmt. Ist die Distanz zu groß, fehlt die emotionale Wärme, gegenseitige Fürsorge ist schwierig, und man verliert den Kontakt zueinander. Nähe und Distanz müssen also geregelt werden wie Kälte und Wärme in einem angenehm klimatisierten Raum.

Das Gleiche gilt für Veränderung und Wechsel: Wenn in einer Familie alle Regeln immer eisern gelten, ist die Familie nicht in der Lage, sich auf veränderte Bedingungen und Situationen einzustellen. Dann werden die Regeln zum Gefängnis und die Begegnungen zwischen Familienmitgliedern zum Zwang. Sind die Regeln jedoch zu vage, kann sich keiner auf sie verlassen und die Familie endet im Chaos.

Actio et Reactio: Potenzielle Eskalationen erkennen

Bei beiden dieser wichtigen Gleichgewichte sind Eltern und Teenager in der Regel Gegenpole. Teenager streben aus der Nähe des Elternhauses in die Weite und verändern damit das bisher geltende »Wohlfühlklima« der Familienatmosphäre. Die Reaktion ist nicht selten von Seiten der Eltern, dass sie Nähe und Verbindlichkeit einfordern, was die Zentrifugalkraft selbstverständlich erhöht. Angesichts der immer stärker werdenden Flucht nach außen verstärken die besorgten Eltern ihre Kontrollversuche.

Ähnlich ist es bei Veränderungen in den Regeln der Familie. Wenn bisher immer klar war, dass man Weihnachten als gesamte Familie miteinander verbringt, die heranwachsenden Kinder aber plötzlich keine Lust mehr dazu haben, werden die Eltern möglicherweise besonders hartnäckig darauf bestehen, dass man im Sommerurlaub gemeinsam verreist. Das Beharren auf Traditionen und Regeln erzeugt auch hier beim Teenager eine deutliche Gegenbewegung und bewirkt oft, dass er nun auch *die* Regeln ändern möchte, die ihn bisher eigentlich gar nicht gestört haben.

Wie bei einer Heizung kann es sein, dass jeder in das System seine Lösungsvorschläge einbringt, die kurzfristig auch funktionieren mögen. Aber das System an sich bleibt konstant, denn jede Kraft schafft eine Gegenkraft, die das Erreichte rückgängig macht. Mit anderen Worten: Anstatt sich auf eine neue Zimmertemperatur zu einigen, dreht einer die Heizung auf und der andere öffnet das Fenster. Die kalte Luft von außen trifft nun auch auf den Thermostat, die Heizung läuft auf Volldampf, und im Endeffekt verbrauchen beide Seiten sehr viel Energie, um das, was die anderen wollen, wieder rückgängig zu machen.

Kein Wunder also, dass viele Familien mit Teenagerkindern einfach erschöpft sind. Jeder tut zwar sein Bestes, um die aus seiner Sicht notwendigen Veränderungen einzubringen, erzeugt damit aber beim anderen lediglich eine Gegenreaktion. Er fühlt sich selber völlig im Recht und kann gar nicht verstehen, warum der andere ihm das Leben so schwer macht.

So legen viele Eltern z.B. hohen Wert auf schulische Leistungen und kritisieren bzw. strafen das Kind für Misserfolge (wobei diese Strafen oft nicht absichtlich oder bewusst gegeben werden. Die gedrückte Stimmung und der enttäuschte Blick sind für viele Kinder eine schlimmere Strafe als Hausarrest oder Taschengeldentzug). Das Kind reagiert, indem es die schlechten Noten zu Hause verschweigt, was früher oder später aber dazu führt, dass es erwischt wird. Spätestens beim Elternsprechtag kommt die Wahrheit ans Licht. Die Eltern reagieren auf diese Enttäuschung mit verstärkter Kontrolle und schärferer Kritik. Darauf reagiert das Kind mit größerer Lustlosigkeit und womöglich mit völliger Leistungsverweigerung. So schaukelt sich das System immer weiter auf und auch hier fühlen sich beide Seiten selbstverständlich im Recht, denn sie sehen immer den jeweils anderen als veränderungsbedürftig und sich selber nicht.

Wie bei der Raumtemperatur haben Menschen unterschiedliche Bedürfnisse. Während der eine bei 19° C noch mit einem dicken Wollpullover dasitzt, hat der andere bei 17° C im T-Shirt schon Schweißausbrüche. Auch in Familien gibt es Mitglieder, die veränderungsbedürftiger sind, und andere, die das Bewährte lieber bewahren wollen. Dadurch ergeben sich in vielen Situationen vorhersehbare Rollenverteilungen, die wiederum mit Erwartungen verbunden sind. Und diese Erwartungen führen ihrerseits dazu, dass die eigene, in Gedanken vorweggenommene Gegenreaktion schon stattfindet, bevor der andere überhaupt reagieren konnte.

Beide Seiten sehen immer den jeweils anderen als veränderungsbedürftig und sich selber nicht.

Indem ich also davon ausgehe, dass mein Kind eine Stunde später nach Hause kommt, als wir ausgemacht haben, sage ich ihm, es soll eine Stunde früher zu Hause sein. Das Kind erlebt diese frühe Zeit als unrealistisch und kommt in Zukunft anderthalb Stunden zu spät. Rollenverhalten kann also zu einer Verschärfung von Polaritäten führen. Die »Bremser« wissen schon, dass die »Gasgeber« fester aufs Pedal drücken, und bremsen schon einmal präventiv. Auch hier verschwendet die Familie sehr viel Kraft und Energie.

Wie ein Mobile: Alles hängt mit allem zusammen

Dabei reagiert jeder im System nicht nur auf das jeweilige Gegenüber, die Beziehungen zwischen jedem Einzelnen und jedem anderen haben auch einen Einfluss auf die Beziehung zwischen Dritten.

Sascha kommt in die Beratung, weil seine Eltern mit ihm unzufrieden sind. Er ist unzuverlässig, macht in der Schule nicht mit, streitet viel, und vor wenigen Wochen kam er von einer Party deutlich angetrunken nach Hause, obwohl die Eltern ihm den Alkoholkonsum verboten hatten (was angesichts der Tatsache, dass Sascha erst 15 ist, auch sicherlich angemessen ist).

Auf den ersten Blick begegnet uns eine Familie mit zwei besorgten Eltern und einem Sohn, der ihnen Probleme bereitet. Erst nach etlichen Gesprächen wird deutlich, dass Saschas Eltern in ihrer Beziehung zueinander ebenfalls deutliche Konflikte haben. Saschas Mutter beklagt sich seit vielen Jahren darüber, dass ihr Mann kaum Zeit für die Familie habe und nur für seinen Beruf lebe. Sie fühlt sich vernachlässigt und allein gelassen. Saschas Vater jedoch erlebt sein berufliches Engagement als eine Leistung, die er für die Familie bringt, und fühlt sich zu wenig anerkannt und ungerecht behandelt. Das Ergebnis: Er flüchtet vor seiner unzufriedenen Ehefrau in ein noch größeres berufliches Engagement, das er vor sich selbst und gegenüber Dritten problemlos mit Sachzwängen erklärt. Die Beziehung zwischen den Eltern ist spürbar belastet und immer weniger liebevoll.

Sascha ist eigentlich ein sensibler Junge. Als er zum ersten Mal die Schule schwänzte, war sein Vater sehr schockiert und kümmerte sich ohne Rücksicht auf seine berufliche Situation kurzfristig intensiv um die Probleme, die Sascha bereitete. Saschas Mutter stellte das erleichtert fest, und in der Beziehung der Eltern kam es zu einer neuen Wärme und Herzlichkeit. Im Nachhinein bestätigen alle drei, dass die Eheprobleme im Hintergrund verschwunden seien, seit Saschas Probleme im Vordergrund stehen. Sascha kommentiert das so: »Der gemeinsame Feind verbündet halt.«

Kurzfristig gesehen funktioniert Saschas Lösung: Wenn er Probleme macht, kommen die Eltern miteinander klar. Längerfristig gesehen schafft Sascha natürlich mit seinen Problemen auch für die Ehe der Eltern einen zusätzlichen Stressfaktor, den die beiden miteinander bewältigen müssen. Es wird also auf lange Sicht schwieriger. Doch was einmal kurzfristig funktioniert hat, tut das immer wieder – auch wenn sich dadurch die Gesamtbelastung in der Familie immer weiter aufbaut. Auf eine gewisse Weise »rettet« Sascha durch seine Störmanöver allerdings die Familie tatsächlich: Der Umstand, dass sich schließlich die ganze Familie ernsthaft mit ihren Problemen auseinandersetzt (in diesem Fall im Rahmen einer Familientherapie), ist ja auch auf eine Art und Weise Sascha zu verdanken.

Wenn ein Familiensystem sich in einem Element ändert – z.B. dadurch, dass Kinder zu Heranwachsenden werden –, ändert sich immer das gesamte System. Die Beziehung zwischen den Eltern wird auf eine neue Weise herausgefordert, und auch die Beziehung zwischen Geschwistern mitsamt ihren Rivalitäten und geheimen Verbindungen müssen neu strukturiert werden.

Es ist also wie bei einem Mobile, das an der Decke hängt: Wenn man ein Teil verändert, muss sich bei allen anderen Teilen ebenfalls ein neues Gleichgewicht einstellen. Wer in einem solchen Umwandlungsprozess nur eine Seite sieht (d.h. die eigene), wird also immer zu falschen Ursachen- und Wirkungszusammenhängen kommen bzw. Lösungen wählen, die meistens nicht nur nicht funktionieren, sondern das Problem zudem verschärfen. Denn die Verhaltensweisen, die eine bestimmte Reaktion hervorrufen, sind ja ebenfalls Reaktionen, sodass Teufelskreise entstehen: Der eine reagiert auf den anderen mit genau dem Verhaltensmuster, was den anderen dazu bringt, so zu reagieren, dass der eine darauf wiederum reagiert ...

Es ist also wie bei einem Mobile, das an der Decke hängt: Wenn man ein Teil verändert, muss sich bei allen anderen Teilen ebenfalls ein neues Gleichgewicht einstellen.

Eltern müssen hier als Erwachsene und reifere Persönlichkeiten Vorbild sein, indem sie bereit sind, ihre eigene Rolle und ihr Beziehungsverhalten kritisch zu hinterfragen. Sie müssen zuerst begreifen, dass sie nicht nur »verständlicherweise« auf das Kind reagieren, sondern dass das Kind auch auf sie reagiert.

Wenn also ein Sohn schlechte Arbeiten verschweigt, sollte die erste Frage nicht lauten: »Was ist das für ein

Sohn, dass er uns betrügt?«, sondern: »Was bin ich für ein Vater/für eine Mutter, dass mein Sohn mir nicht die Wahrheit sagt?«.

Menschen haben die Tendenz, die Hände in Unschuld zu waschen und die eigenen Probleme mit dem Verhalten anderer zu begründen. Weil Jesus die Menschen kennt, ermahnt er uns dazu, dem Balken im eigenen Auge mehr Aufmerksamkeit zu schenken als dem Splitter im Auge des anderen. Und dabei gibt es auch eine gute Nachricht: Wer sich infrage stellen lässt, profitiert, wird seelisch reifer und bekommt nicht nur eine tiefere Beziehung zu anderen Menschen, sondern auch zu sich selbst – und nicht zuletzt zu Gott.

14. MITEINANDER REDEN

Bei allem guten Willen ist es oft fast unmöglich, die eigene Rolle in einem System wirklich zu verstehen. Häufig gelingt dies nur im Nachhinein – und leider ist es dann oft zu spät, etwas zu ändern. Das muss aber nicht zwingend so sein. Es ist wichtig, dass ein Familiensystem nicht so abgeschlossen ist, dass Rückmeldungen von außen abprallen. Es ist dringend nötig, dass Eltern von Teenagern Freunde haben, die ihnen liebevoll, aber ehrlich und kritisch begegnen. Es ist sinnvoll, mit Dritten über die Frage zu sprechen: »Was siehst du an mir, was die Reaktion anderer für dich verständlich macht?«. Vielleicht ist die Suche nach einem ehrlichen Feedback nicht immer sofort erfolgreich. Und auch dann, wenn wir nicht unbedingt gerne hören, was andere wirklich denken, können wir uns auf die Zusage Jesu verlassen: »Die Wahrheit macht frei.«

Die Wahrheit macht frei.

»Wir können einfach nicht miteinander reden. Egal, was ich sage, es bringt nichts.« Solche oder ähnliche Sätze hört man von Eltern und Kindern gleichermaßen. Die Neustrukturierung des Familiensystems ist einerseits dringend auf das Gespräch angewiesen, andererseits scheint es für sehr viele Familien in dieser Zeit schwierig oder sogar fast unmöglich, »normal« miteinander zu reden. Oft enden Gespräche mit Verletzungen, Rückzug und einer Verschärfung der Probleme statt zu Klärungen, Kompromissen und zur Einigung zu führen.

Das liegt nicht nur an fehlendem gutem Willen und mangelnder Bereitschaft zu einem offenen Gespräch, sondern oft auch an der Gesprächsführung. Hier kann und muss jeder lernen. Auseinandersetzungen mit Teenagern erfordern ein Gesprächsverhalten, das mit der häufig vorhandenen Launenhaftigkeit und den intensiven Emotionen klug umgeht und dabei die richtige Mischung findet: Die Gefühle der Jugendlichen ernst nehmen, aber nicht zu ernst – das ist die Kunst.

Wenn Sie sich also zugestehen, auch neues Gesprächsverhalten erlernen zu dürfen, dann müssen Sie nicht gleich ein Meister sein. Dass dieser bekanntlich nicht vom Himmel fällt, gilt übrigens auch für Christen: Die Arbeit an den eigenen Fähigkeiten und die Mühe, die mit Persönlichkeitsreifung verbunden ist, wird uns durch den Glauben nicht abgenommen. Das heißt nicht, dass der gelebte Glaube an Jesus Christus es nicht einfacher macht, eine grundsätzlich annehmende Haltung dem anderen gegenüber zu haben (schließlich haben Christen diese bedingungslose Annahme erlebt). Wahrscheinlich ist es auch einfacher, in zwischenmenschlichen Beziehungen um Vergebung zu bitten, wenn man in dem Bewusstsein lebt, selber ein versöhnter Mensch zu sein. Doch Fähigkeiten wie Perspektivenübernahme, soziale Kompetenz, Konfliktmanagement oder Sensibilität sind nur zu entwickeln, indem man sie übt. Die Erwartung, dass dieses Training dem Gläubigen erspart bliebe und man diese Fähigkeiten »geschenkt« bekommt, wird meistens enttäuscht. Selbst Geistesgaben müssen in der Regel mit Fleiß entfaltet werden. Wie bei allen Lernprozessen ist es hilfreich, wenn man gute Lehrer hat, und das heißt bei allen Lebensbereichen, die mit Kommunikation zu tun haben, dass man selber Menschen hat, die einem zuhören, von denen man sich verstanden fühlt und bei denen man die richtige Mischung von Liebe und Wahrheit erleben kann.

Bei allen Lernprozessen ist es hilfreich, wenn man gute Lehrer hat.

Eine Botschaft, viele Bedeutungen

Im Umgang mit Teenagern ist es wahrscheinlich besonders wichtig, sich deutlich zu machen, dass Kommunikation immer auf vielen verschiedenen Ebenen gleichzeitig funktioniert. Die unterschiedlichen Botschaften, die gleichzeitig in einer Nachricht stecken, sind in der Regel verschlüsselt. Die nonverbalen Aspekte der Nachricht und der Zusammenhang, in dem etwas gesagt wird, beeinflussen in der Regel entscheidend, wie das Gesagte verstanden wird. Deswegen ist es auch einfach, einen Menschen wörtlich zu zitieren, die nonverbalen Aussagen und den Kontext aber so darzustellen, dass etwas ganz anderes dabei herauskommt. Wenn also ein Konfliktpartner in einer Auseinandersetzung sagt: »Ich weiß gar nicht, was du wieder hast. Wenn ich A sage, dann meine ich auch A und sonst gar nichts«, dann ist das immer gelogen. Man kann gar nicht nur A sagen. Kommunikation ist immer vielschichtig und beinhaltet Botschaften auf unterschiedlichen Ebenen, die niemals eindeutig entschlüsselt werden können. Mit anderen Worten: Was eine Person meint, ist das Eine, was sie kommuniziert, das Zweite, was der andere wahrnimmt, ist das Dritte, und wie diese Wahrnehmung interpretiert wird und beim Empfänger eine Wirkung erzeugt, ist das Vierte. Keiner dieser vier Aspekte ist identisch. Wenn Kommunikation gut geht, ist das, was der eine meint, so weit identisch mit dem, was der andere versteht, dass Verständigung gelingt. Bei schwieriger Kommunikation gibt es in der Regel zwischen

Die nonverbalen Aspekte der Nachricht und der Zusammenhang, in dem etwas gesagt wird, beeinflussen entscheidend, wie das Gesagte verstanden wird.

dem Ersten (dem Gemeinten) und dem Vierten (dem Verstandenen) nur eine geringe oder gar keine Übereinstimmung.

Nehmen wir also einmal eine ganz einfache Sachaussage: »Die Sonne scheint. Draußen ist Spitzenwetter.« Bei einem Telefonat aus dem Urlaub könnte die Sachaussage im Vordergrund stehen und bedeutet dann: Wir haben schönes Wetter hier, es geht uns gut und wir amüsieren uns hervorragend. In einem anderen Kontext entstehen aber ganz andere Bedeutungen. Stellen Sie sich z. B. vor, ein Kind hat soeben von seiner Mutter den Auftrag bekommen, die Hausaufgaben zu machen. Dann bedeutet der Satz »Es ist Spitzenwetter« wahrscheinlich eher: »Ich habe keine Lust, Hausaufgaben zu machen«. Indirekt ist damit vielleicht die Frage verbunden, ob es erlaubt ist, die Hausaufgaben erst am Abend zu machen und jetzt draußen spielen zu gehen. Regnete es dagegen draußen in Strömen und der oben genannte Satz wäre mit einem ironischen Unterton gesprochen worden, würde er bedeuten: »Ich bin frustriert und mir stinkt alles.« Wenn der Satz mitten in einem Ehekrach fallen würde, könnte er als Aufforderung zur Versöhnung verstanden werden: »Schau mal, draußen scheint die Sonne, lass uns auch wieder gut miteinander sein.«

»Also, wenn ich dich richtig verstanden habe, meintest du …«

Wir können also nie wissen, was der andere wirklich meint. Daher ist eines der wichtigsten und gesündesten Kommunikationsverhalten, dass man – besonders im Konflikt – häufig noch einmal »nachcheckt«, ob man richtig verstanden hat, was der andere wirklich meint. Ein Gespräch, das sich nicht mit einer Sache befasst, sondern sich mit der Kommunikation über eine Sache befasst, nennt man Metakommunikation. Untersuchungen zeigen, dass in gesunden und ungestörten Beziehungen der Anteil von Metakommunikation relativ hoch ist. Ein Beispiel: »Wenn du betonst, dass dir das Essen nicht schmeckt, empfinde ich das auch als einen persönlichen Vorwurf. Wolltest du mir sagen, dass du sauer bist, weil ich etwas gekocht habe, was du nicht so gerne isst?«

In Beziehungssystemen, die in höherem Maß an Störungen leiden, fällt solche Kommunikation weg. Da setzt der eine voraus, dass das Gemecker am Essen auch eine Kritik an der Köchin ist, worauf diese (aus ihrer eigenen Sicht berechtigterweise) verletzt und gekränkt reagiert: »Da rackert man sich ab und gibt sich Mühe und niemals hört man ein Danke.«

Natürlich erwarten Teenager in der Regel nicht, dass die Eltern immer ihre Lieblingsspeisen kochen, aber sie werden wohl auch nicht in der Lage sein, einen kommunikationstechnisch hervorragenden Satz loszulassen wie: »Also, das Essen schmeckt mir zwar überhaupt nicht, aber ich weiß es zu schätzen, welche Mühe du dir jeden Tag gibst, und ich bin dankbar dafür, dass du uns liebevoll versorgst, möchte aber gleichzeitig den Wunsch äußern, dass es in Zukunft weniger häufig Rosenkohl gibt.« Sie sehen sofort: Solch ein Satz ist nicht zu erwarten. Von Eltern jedoch *kann* man erwarten, dass sie differenziert und vielschichtig denken und kommunizieren. Natürlich werden auch sie das nicht immer machen, aber bei passender Gelegenheit könnte es sehr hilfreich sein zu hören: »Weißt du, ich erwarte nicht, dass dir das Essen immer schmeckt, und ich finde es auch okay, wenn du das sagst. Aber ich bin ein bisschen verletzt, weil ich den Eindruck habe, dass meine Arbeit von dir nicht geschätzt wird.«

Problemlösungen erfordern geklärte Beziehungen

Besonders wichtig ist es in der Kommunikation mit Teenagern außerdem, zwischen den Sachaspekten und dem Beziehungsaspekt deutlich zu unterscheiden. Häufig gelingt Kommunikation deswegen nicht, weil Differenzen im Beziehungsaspekt durch Scheindiskussionen über Sachaspekte ausgetragen werden. Ein Beispiel: »Wenn du dein Zimmer aufgeräumt hast und die Hausaufgaben gemacht sind, kannst du deine Freunde besuchen.« Das angesprochene Kind reagiert trotzig und ärgerlich und antwortet: »Ich habe vorgestern aufgeräumt und die Hausaufgaben sind erst für übermorgen.« Nun ist es einfach, eine erhitzte Diskussion über die unterschiedlichen Vorstellungen von aufgeräumten Zimmern und die seelische Entlastung durch erledigte Hausaufgaben zu führen.

Häufig gelingt Kommunikation deswegen nicht, weil Differenzen im Beziehungsaspekt durch Scheindiskussionen über Sachaspekte ausgetragen werden.

Im Grunde geht es aber weder dem Elternteil noch dem Kind um die Frage, was ein aufgeräumtes Zimmer ist oder wann Hausaufgaben gemacht werden, sondern die eigentliche Frage ist ein Beziehungsaspekt. In der Botschaft der Eltern steckt deutlich: »Wir kontrollieren, wann du mit wem was tust.« Und mit der Antwort des

Kindes ist eigentlich gemeint: »Ich wehre mich dagegen, dass ihr über mich bestimmt.«

Es wäre sehr viel sinnvoller, gleich über den Beziehungsaspekt zu sprechen, also mit dem Teenager darüber zu streiten, wie viel Kontrolle Eltern über den Tagesablauf ihrer Kinder haben sollten. Dabei könnten die Eltern durchaus würdigen, dass eine solche Kontrolle für das Kind unangenehm ist, und gleichzeitig ihre eigene Überzeugung vertreten, dass Eltern die Aufgabe haben, das Leben ihrer Kinder in einer angemessenen Weise zu strukturieren.

Wenn der Beziehungsaspekt gestört ist, ist es unmöglich, sich über den Sachaspekt zu einigen. Dasselbe gilt auch für andere Beziehungen: Ein Kirchengemeinderat wird sich nicht darüber einigen, ob die Fenster weiß oder braun gestrichen werden sollen, wenn zwischen den Kontrahenten ein Machtkampf besteht. Ein Ehepaar wird nicht zu einer guten Urlaubslösung kommen, wenn es unterschwellig darum geht, dass der eine Partner sich dem andern Partner nicht anpassen möchte. Viele Diskussionen mit Teenagern sind deswegen unfruchtbar, weil die Grundfragen der Beziehung ungeklärt bleiben.

Vor einem Gespräch mit ihrem Teenager sollten Sie sich also innerlich fragen: Wie stehen wir zueinander? Wird es einen Gewinner geben, der triumphiert, und einen Verlierer, der sich unterordnen muss? (Falls das so ist, werden Sie sich nicht mal darüber einigen, ob Sie zum Nachtisch Joghurt oder Quark essen sollen.) Fühle ich mich von dem andern in eine bestimmte Rolle gedrängt? Fühlt sich der andere von mir möglicherweise in eine Schublade gesteckt?

Erst wenn diese Fragen offen angesprochen wurden, ist es möglich, sich relativ schnell in den Sachfragen zu einigen. Ansonsten gibt es Tausende von Themen, die als Nebenkriegsschauplatz herhalten können: Kleidung, Musikgeschmack und Lautstärke, Schlaf- und Essgewohnheiten, Ordnung im Zimmer, Sauberkeit, Hausaufgaben ...

Teenager erleben voller Begeisterung, wie ihre eigene Fähigkeit, komplizierter zu denken, sie befähigt, die Gedankenwelt der Erwachsenen infrage zu stellen. Ohne Zweifel macht die Begeisterung für die eigene, neu entdeckte Logik die meisten zu eher schwierigen Gesprächspartnern. Und für die Eltern ist es oft sehr ermüdend, sich über die grundsätzlichen Dinge des Lebens (z.B. Macht, Liebe, Freiheit) zu streiten, wenn sie eigentlich nur wollen, dass der Geschirrspüler eingeräumt wird. Und doch: Rechnen Sie bei Teenagern damit, dass die Frage, wer wann den Geschirrspüler einräumt, zu grundsätzlichen Diskussionen über Gerechtigkeit und persönliche Wertschätzung führt. Atmen Sie dreimal tief durch und machen Sie sich immer wieder deutlich, dass das die Themen sind, die Ihr Kind jetzt wirklich beschäftigen.

Atmen Sie dreimal tief durch und machen Sie sich immer wieder deutlich, dass das die Themen sind, die Ihr Kind jetzt wirklich beschäftigen.

Wenn es etwas gibt, das schon immer so war und wahrscheinlich auch immer so bleiben wird, dann ist es die Tatsache, dass es in einer Familie häufig vorkommt, dass zwei verschiedene Leute sehr unterschiedliche Dinge wollen und man sich doch auf etwas Gemeinsames einigen muss. Konflikte gehören zum Leben wie Essen und Trinken und Atmen, und auch die hartnäckigsten Versuche, Konflikte zu vermeiden, führen nicht zu einem harmonischeren Zusammenleben.

15. MIT ANSTAND STREITEN UND KONFLIKTE BEWÄLTIGEN

Viele Menschen halten Konflikte für eine Art Schadensfall. Sie sind sich zwar bewusst, dass es ein Leben ohne Konflikte nicht gibt, haben aber gleichzeitig irgendwie die Vorstellung, dass alles eigentlich doch immer harmonisch sein müsste. Dabei sind Konflikte, Konfrontation und zwischenmenschliche Reibung wesentliche Voraussetzungen für persönliches Wachstum. Auch in der Bibel wird deutlich, dass es zuweilen nötig ist, scharfe Konfrontationen zuzulassen. Sehr anschaulich wird der Zusammenhang zwischen Reibung und Reifung in Sprüche 27,17 formuliert: »Eisen schärft Eisen, ebenso schärft ein Mensch einen anderen.« In diesem Bild ist vom Messerwetzen die Rede. Es setzt Gleichwertigkeit voraus (nicht: Eisen an Stein) und legt bildlich nahe, dass in einem solchen Prozess auch einmal die Funken fliegen können.

Konflikte, Konfrontation und zwischenmenschliche Reibung sind wesentliche Voraussetzungen für persönliches Wachstum.

Wenn Eltern meinen, in einer christlichen Familie sollte es nicht zu solchen Auseinandersetzungen kommen, wird Konfliktbewältigung schwierig, denn dann führt der Konflikt selbst ja bereits zu Schuldgefühlen oder einem Versagererleben. Selbstverständlich ist es wichtig, zwischen destruktiven und konstruktiven Formen der Auseinandersetzung zu unterscheiden. Ein liebevoller Umgang mit dem anderen kann ja nicht bedeuten, ihm eine Harmonie vorzuheucheln, die nicht vorhanden ist. Liebe und Wahrheit gehören immer zusammen.

Was kann man bei der Konfliktbewältigung beachten, damit aus dem Streit kein Krieg wird?

Alles hat seine Zeit

Streitgespräche und Konfrontationen zwischen Tür und Angel führen fast immer zur Eskalation. Im Gespräch mit Teenagern ist der Beziehungsaspekt (s.o.) besonders wichtig, da es die grundsätzliche Beziehung zwischen Eltern und Kind ist, die neu geregelt werden muss. Von daher ist eine Auseinandersetzung, die schon alleine durch den gewählten Zeitpunkt deutlich macht: »Ich rede mit dir, wann und wie immer ich will«, von vornherein kontraproduktiv. Die Frage: »Ich würde gerne etwas mit dir besprechen – wann hast du mal eine halbe Stunde Zeit?« gibt dagegen dem anderen die Möglichkeit, sich auf ein Gespräch einzustellen.

Viele Eltern unterschätzen die Fähigkeit ihrer Teenager, gesunde und vernünftige Einsichten zu entwickeln, weil sie sie ständig »überfallen«.

Und wenn ich ihm auch bereits sage, worum es mir geht (»Ich mache mir Sorgen wegen der Schule...«), kann der Teenager sich auch innerlich bereits etwas vorbereiten. Dies wird in der Regel nicht dazu führen, dass er seine Munition sammelt. Er wird sich eher mit der Frage beschäftigen und möglicherweise selber zu der Überzeugung kommen, dass sich das ein oder andere ändern muss. Viele Eltern unterschätzen die Fähigkeit ihrer Teenager, gesunde und vernünftige Einsichten zu entwickeln, weil sie sie ständig »überfallen«.

Der richtige Zeitpunkt ermöglicht es ebenfalls, eine Flasche Sprudel, ein paar Gläser und Salzstangen auf den Tisch zu stellen, sodass eine Gesprächsatmosphäre entsteht, in der der Teenager sich nicht von vornherein »vorgeknöpft« oder gemaßregelt fühlt. Teenager sind auf dem Weg zum Erwachsensein und sehr sensibel für Situationen, die ihnen vermitteln, dass sie wie ein Kind behandelt werden. (Natürlich benehmen sie sich teilweise wie Kinder und wollen wie Erwachsene behandelt werden, das ist aber das Wesen der Adoleszenz und war bei Ihnen und mir genauso.)

Wünsche klar äußern

So wie Eltern dazu neigen, die Einsichtsfähigkeit ihrer Teenager zu unterschätzen, neigen sie auch dazu, die Klarheit ihrer eigenen Haltung zu überschätzen. Viele Teenager wissen wirklich nicht, was ihre Eltern von ihnen erwarten, sondern spüren nur, dass sie unzufrieden sind.

Johannes wird von seinen Eltern in die Beratung gebracht, weil er in der Schule Schwierigkeiten hat. Auf die Frage des Beraters, was er denn tun müsse, damit seine Eltern mit ihm zufrieden seien, zuckt er die Achseln und sagt: »Überall gute Noten bringen.«

Es zeigt sich im weiteren Gespräch, dass die Eltern in ihren Gesprächen mit Johannes nie ein klares Ziel formuliert haben. Er nahm an, dass sie von ihm erwarten, immer besser zu werden, bis er überall ein »Sehr gut« habe. Die Eltern erwarteten das aber überhaupt nicht. Alles Nörgeln und Kritisieren hatte schon daher keinen Erfolg, weil Johannes die von ihm vermuteten Anforderungen nie hätte erreichen können – und daher resigniert aufgab, bevor er es überhaupt probierte.

Entweder beide gewinnen oder beide verlieren

Wenn beim Austragen eines Streits am Ende herauskommt, dass es einen Sieger und einen Verlierer gibt, haben beide verloren. Der Sieger mag den Streit gewonnen haben, aber er hat in der Beziehung zum Verlierer Federn gelassen. Da die Beziehung zum Kind grundsätzlich wichtiger ist als z.B. ein aufgeräumtes Zimmer, wäre jeder Sieg immer eine Niederlage.

Der Sieger mag den Streit gewonnen haben, aber er hat in der Beziehung zum Verlierer Federn gelassen.

Häufig ist es hilfreich, bei einem Streit erst mal die gemeinsamen Ziele zu definieren und dabei deutlich zu machen, dass eine Einigung im Interesse beider liegt. Eltern und Kinder stellen z.B. fest, dass sie ein gemeinsames Interesse daran haben, dass das Schuljahr mit einigermaßen gutem Erfolg abgeschlossen wird. Wenn hierüber wirklich Einigkeit besteht, können Unterschiede in der Methode, mit der dieses Ziel erreicht werden soll, häufig bewältigt werden, indem die Frage gestellt wird: Wie trägt die vorgeschlagene Lösung dazu bei, dass beide Parteien das angestrebte Ziel erreichen?

Ein wichtiger Aspekt dabei ist, dass nicht nur der Dissens formuliert wird, sondern auch der Konsens. Es ist häufig sehr viel einfacher, einen gemeinsamen Weg zu finden, wenn das Gespräch sich nicht ausschließlich um die Unterschiede dreht, sondern auch der gemeinsame Nenner betont wird.

Ein wichtiger Aspekt dabei ist, dass nicht nur der Dissens formuliert wird, sondern auch der Konsens.

Auch mit den besten Vorsätzen wird es nicht immer gelingen, eine Eskalation zu vermeiden, unfair zu werden oder den anderen zu verletzen. Das wird nicht nur, sondern darf auch vorkommen, denn Eltern wie Kinder sind Menschen mit Fehlern und Schwächen. Schwierig wird es, wenn eine oder beide Parteien zu diesen Schwächen nicht Ja sagen können. Dann werden Aggressionen aufgebaut und es kann nichts entschuldigt werden. Es muss deswegen zum normalen Alltag einer Familie gehören, dass man dem anderen seine Fehler und auch seine Schuld bekennt, dass man um Verzeihung bittet und dem anderen auch Vergebung zuspricht. Eltern, die Fehler machen und zu diesen Fehlern stehen, vermitteln ihren Kindern eine sehr viel wichtigere Lebensweisheit, als Perfektion oder Selbstgerechtigkeit das könnten: Sie zeigen, dass Selbstrespekt und Selbstannahme auch dann möglich sind, wenn man mit dem eigenen Handeln nicht zufrieden ist.

Wenn Konfliktbewältigung nicht gelingt, ist eine dritte, außenstehende Person häufig in der Lage, das Gespräch so zu führen, dass eine Verständigung wieder möglich wird. Viele Eltern und auch ihre jugendlichen Kinder schämen sich jedoch dafür, dass es ihnen nicht gelingt, ihre Beziehung konfliktfrei zu leben – sie leiden lieber, als einen Außenstehenden um Hilfe zu bitten. Gerade in der christlichen Gemeinde gibt es gute Möglichkeiten, andere Menschen, z.B. einen Jugendpastor oder Seelsorger, in überdauernde Konfliktsituationen einzubeziehen. Auch in den Beratungsstellen für Kinder und Jugendliche, in kirchlichen Familienberatungsstellen usw. finden sich in der Regel Personen, die einer Familie helfen können, den Gesprächsfaden in einer konstruktiven Weise wieder zu knüpfen.

Bis zu welchem Alter soll ein Kind mit den Eltern in den Urlaub fahren? Wie spät darf ein 16-Jähriger abends ausgehen? Soll man bei einer 14-Jährigen die Hausaufgaben kontrollieren? Diese und ähnliche Fragen müssen Eltern irgendwann entscheiden. Es geht dabei um ein gesundes Gleichgewicht zwischen Freiheit lassen und Grenzen setzen.

16. FREIHEIT LASSEN – GRENZEN SETZEN

Um es gleich vorwegzusagen: Ich kann und werde Ihnen nicht sagen, was für einen Teenager »angemessene Grenzen« sind. Das liegt zum einen daran, dass es »den Teenager« nicht gibt, weil jedes Kind seine eigenen Stärken und Schwächen hat und daher auch andere Freiheiten und Grenzen braucht bzw. vertragen kann. Zum anderen lässt sich die Frage, was »richtig« ist, nicht pauschal beantworten. Manche Elternhäuser sind restriktiver, andere liberaler. Manche Eltern möchten die Mündigkeit ihrer Kinder fördern, andere legen mehr Wert auf Leistung, und wiederum andere erwarten vor allem ein hohes Maß an Beziehungsfähigkeit.

Natürlich sind alle diese Ziele gut. Wer hätte nicht gerne mündige, leistungsfähige und beziehungskompetente Kinder? Und doch kann es sein, dass diese unterschiedlichen Ziele sich gegenseitig teilweise ausschließen: Wenn es mehr um Mündigkeit geht, braucht ein Kind mehr Freiheit; wenn es mehr um Leistung geht, vielleicht mehr Grenzen, und so weiter.

Wenn Eltern sich grundsätzlich entschieden haben, dass sie ihre Kinder loslassen wollen, und auch akzeptieren, dass diese Kinder dann vielleicht nicht so sind, wie sie es sich gewünscht hatten, wird es in der Regel auch gelingen, ein gutes Mittelmaß an Freiheit und Begrenzung zu setzen.

Prinzipiell gilt dabei wohl der Grundsatz, dass die größtmögliche Freiheit das richtige Maß ist. Mit anderen Worten: Jede Kontrolle, auf die man gefahrlos verzichten kann, fördert die Entwicklung zum Erwachsenen. Andauernde und ständige Konflikte um

Jede Kontrolle, auf die man gefahrlos verzichten kann, fördert die Entwicklung zum Erwachsenen.

Nebensachen, wie Kleidung, Musikstil oder die Teilnahme an Familienfesten, sind ein Symptom für eine gestörte Beziehung (s. Kap. 12).

Aus psychologischer bzw. psychotherapeutischer Sicht ist manchmal erstaunlich, dass Eltern in manchen Bereichen (z. B. schulische Leistungen) sehr streng sein mögen, aber die Notwendigkeit für Grenzen in anderen Bereichen völlig ignorieren. Zu diesen vernachlässigten Bereichen gehört der Umgang mit Medien (s. Kapitel 9), der Umgang mit Diäten (Kalorien zählen, Gewichtskontrolle) und der Umgang mit Sucht- und Rauschmitteln.

Umgang mit Suchtmitteln

Fernsehen und Computer sind nicht die einzigen Wege, auf denen Teenager aus ihrer Realität fliehen. Alkohol, Amphetamine, Partydrogen und Halluzinogene (hauptsächlich Marihuana) gelten bei den meisten Jugendlichen als harmlos oder im Höchstfall für andere gefährlich. Etwa 70 % der 18-Jährigen haben selbst Erfahrungen mit diesen Substanzen gemacht. Und das Anfangsalter, in dem Sucht- und Rauschmittel konsumiert werden, sinkt jedes Jahr. Dabei spielt Alkohol eine zunehmend größere Rolle. Dass 13-Jährige eine Flasche Wodka zum Geburtstagsfest mitbringen, ist völlig normal. Bei vielen »Erwachsen-werden-Ritualen« spielt Alkohol eine erhebliche Rolle. Die Zahl der lebensgefährlich alkoholvergifteten Kinder in der Notaufnahme steigt jedes Jahr. Und immer häufiger kommt es vor, dass der Vollrausch mit Absicht – z.B. als Mutprobe – herbeigeführt wurde. Bizarre und sehr gefährliche Methoden, einen Vollrausch zu erzeugen, werden beliebter. Z.B. indem der Alkohol mit einem Trichter durch einen Schlauch direkt in den Magen gekippt wird – oder, noch gefährlicher, auf mit Wodka getränkten Tampons in die Vagina oder bei Jungen anal eingeführt wird. Das führt schneller zum Rausch und ist nicht gut dosierbar.

65 % aller Jugendlichen, die wegen einer Suchtstörung in Behandlung sind, geben an, dass ihre Eltern im ersten Jahr ihrer Sucht nichts geahnt hätten. Aus den Erfahrungen der Suchttherapie weiß man, dass das häufig nicht daran liegt, dass keine Hinweise für den Konsum von Suchtmitteln vorgelegen hätten, sondern dass die Eltern sich emotional dagegen sperren, es für wahr zu halten. Die Warnzeichen, die auf einen Suchtmittelkonsum hinweisen, werden als normale pubertäre Erscheinungen fehlgedeutet. Dazu gehören z. B. extreme Launenhaftigkeit, starke Konzentrationsmängel, ein dramatischer Abfall der schulischen Leistungen, ausgeprägte Heimlichtuerei, deutlich gestiegener Geldbedarf, schnelles oder verlangsamtes Reden, gerötete Augen, häufige Unfälle, Krankheiten und Aggressionen. Es kommt nicht selten vor, dass Eltern eindeutige Hinweise auf Suchtmittel bei ihren Kindern finden, z. B. beim Wäschewaschen, und sich trotzdem von den Kindern überzeugen lassen, dass diese Gegenstände nichts zu bedeuten haben, einem Schulfreund gehören o. Ä.

65 % aller Jugendlichen, die wegen einer Suchtstörung in Behandlung sind, geben an, dass ihre Eltern im ersten Jahr ihrer Sucht nichts geahnt hätten.

Wenn Jugendliche unter 16 Jahren regelmäßig Alkohol trinken oder wenn Hinweise auf den Konsum illegaler Substanzen vorliegen, ist das keine Bagatelle. Die Wahrscheinlichkeit, dass die Teenagerzeit und das junge

Erwachsenenalter von diesen Jugendlichen gemeistert werden, ist äußerst gering. Nicht nur Suchtstörungen, sondern auch andere psychische und körperliche Störungen sind im weiteren Verlauf sehr wahrscheinlich. Eltern, die hier auf die Bagatellisierungsversuche ihrer Kinder hereinfallen, tun ihrem Kind keinen Gefallen. Manche fühlen sich hilflos und denken, sie könnten nichts ausrichten. Andere wollen es nicht wahrhaben. Wieder andere haben selbst Probleme mit Alkohol oder anderem Suchtverhalten und verleugnen bei ihren Kindern, was sie für sich selbst auch nicht wahrhaben wollen. Der Weg zu einer Suchtberatungsstelle (z.B. Diakonie, Caritas, Blaues Kreuz) sollte unbedingt gesucht werden.

Das heißt nicht, dass Jugendliche von Süchten abgehalten werden, wenn man sie möglichst streng erzieht. Im Gegenteil: In Familien, in denen Alkohol völlig verboten ist, ist die Alkoholikerquote höher als in Familien, in denen ein mäßiger Alkoholgenuss (d.h. »Genusstrinken« ohne Rausch) üblich ist. Alkohol ist mit dem niedrigsten Risiko verbunden, wenn sowohl der Konsum als auch der Nichtkonsum eine Nebensache bleibt.

Essverhalten

Dies ist der dritte Bereich, in dem Eltern häufig in rührender Naivität die Anfänge ernsthafter Störungen übersehen. Häufig unterstützen sie sogar in der Anfangsphase einer solchen Störung die Bemühungen ihres Kindes, durch Diäten und Kalorienkontrolle ein ideales Körpergewicht zu erzielen. Für gesunde Menschen sind Diäten prinzipiell schädlich (bei Kranken, z.B. Diabetikern, werden sie u.U. ärztlich verordnet). Bei Übergewicht ist eine überdauernde Veränderung von Essgewohnheiten gefragt. Im Gegensatz zu einer solchen Veränderung der Essgewohnheiten sind Diäten zeitlich begrenzte Einschränkungen der Kalorienzufuhr oder in der Art der konsumierten Nahrungsmittel, die mit dem Ziel einer Gewichtsreduktion durchgeführt werden und nach dem Erreichen eines bestimmten Gewichtes beendet werden. Oder beendet werden könnten – hier nämlich liegt das Problem: Untersuchungen zeigen, dass junge Frauen, die in zwei Jahren viermal eine Diät gehalten haben, zu über 70 % an einer Essstörung leiden. Magersucht und eine Bulimie (Ess-Brech-Sucht) sind beides Störungen, die in unserer Gesellschaft rapide zunehmen – nicht nur unter Mädchen, sondern auch bei Jungen. Oft werden diese Störungen chronisch, und – im Falle der Magersucht bei 10–15 % der Betroffenen – enden viel zu häufig tödlich.

Untersuchungen zeigen, dass junge Frauen, die in zwei Jahren viermal eine Diät gehalten haben, zu über 70 % an einer Essstörung leiden.

Ein ausgewogenes Ernährungsangebot, bei dem der Teenager im Großen und Ganzen essen kann, was er möchte, führt zu einer guten Körperwahrnehmung und einer durch die natürlichen Bedürfnisse des Körpers gesteuerten Nahrungsaufnahme. Weder im Kindesalter noch in der Teenagerzeit sollte das Essen zum Konfliktstoff werden. Vertrauen Sie darauf, dass Ihr Kind bei Mangelerscheinungen Appetit auf eben die Inhaltsstoffe bekommt, die es braucht. Wenn ein Teenager jedoch anfängt, seine Mahlzeiten z.B. durch Kalorienzählen oder andere Diätregeln künstlich einzuschränken, sollten Sie als Eltern einschreiten. Teenagerdiäten sind unsinnig und gefährlich und sollten grundsätzlich von den Eltern eindeutig verboten werden. Natürlich ist das schwierig, wenn die Eltern (häufig die Mutter) selber regelmäßig ihr Gewicht durch Diäten kontrollieren, statt durch eine nachhaltig ausgewogene Ernährung und ausreichend Bewegung.

Nicht zu lax und nicht zu streng

Für diesen ganzen Themenbereich gilt, dass Kinder und Jugendliche, die bei ihren Eltern die für sie notwendigen Grenzen vermissen, in Konflikt kommen mit den Grenzen, die die Gesellschaft setzt – im Normalfall mit der Schule, im Extremfall mit der Polizei. Wo gute Grenzen liegen, wie sie gesetzt werden und wie viel Kontrolle notwendig ist, ist von Kind zu Kind sehr unterschiedlich. Doch eines ist deutlich: Eltern müssen ihren Kindern Fehler zugestehen und ihnen die Chance lassen, aus den eigenen Fehlern zu lernen: Sie müssen ihren Kindern vertrauen, ohne die Augen vor offensichtlichen Problemen zu schließen, und sie müssen ertragen, dass Kinder und Jugendliche sich anders entscheiden, als die Eltern es selber tun würden.

Ob die Grenzen, die Sie setzen, zu eng, zu weit oder »im grünen Bereich« liegen, ist eine Frage, über die es keine Sicherheit gibt. Sie dürfen also verunsichert sein. Mehr noch: Wenn Sie sich immer ganz sicher sind, was richtig und was falsch ist, sollten Sie schnellstens eine Familientherapie aufsuchen. Sie übersehen – aus welchen Gründen auch immer – die Grenzen, die das Geschöpf von seinem Schöpfer unterscheiden. Und das ist in der Regel fatal. Aber was kann man tun, um trotz aller Unsicherheiten Entscheidungen zu treffen?

Zuerst einmal: Werden Sie vor sich selbst so ehrlich, wie es Ihnen möglich ist. Beginnen Sie damit, sich selbst einzugestehen, dass Sie sich manchmal fürchten, dass Sie sich manchmal überfordert fühlen, dass Sie manchmal Ihren Teenager auf den Mond schießen könnten. Und dann schauen Sie in den Spiegel und sagen laut zu Ihrem Spiegelbild: »Das ist okay. Ich mag dich so, wie du bist – mit allen Mängeln.«

Jetzt beginnen Sie so mit sich zu reden, wie Gott es tut. Und das ist das Zweite: Reden Sie mit ihm. Er ist der Einzige, der Ihre Kinder noch mehr liebt, als Sie es tun. Er mutet Ihnen zu, den Alltag in seiner Schöpfung zu bestehen – auch den Umgang mit der Entwicklung von Heranwachsenden. Und dann vergessen Sie nicht, dass es seine Schöpfung ist. Und es ist auch seine Idee, dass wir als Menschen uns lebenslang entwickeln sollen.

Drittens: Suchen Sie den Kontakt mit Menschen, mit denen Sie offen und ohne Scham reden können. Wenn das der Ehepartner ist – gut. Wenn es zusätzlich ein paar andere gibt – noch besser. Aber seien Sie sicher: Es gibt nichts Besseres für die gestresste Psyche als Beziehungen zu Menschen, die Sie verstehen, die gut zuhören und die Ihnen ehrlich sagen, was sie denken.

Viertens: Reden Sie mit Ihren Kindern – genauso ehrlich wie mit einem guten Freund. Denn sie verstehen, was es heißt, unsicher zu sein. Das sind sie nämlich selber auch. Als Eltern haben Sie tiefere Einblicke und mehr Erfahrung, Sie verstehen manches besser, und Sie müssen manchmal entscheiden. Aber eines haben Sie mit Ihren Kindern mit Sicherheit an jedem Abend gemeinsam: Diesen Tag bewältigen Sie heute auch zum ersten Mal!

Sie dürfen also Lernende sein.